एक कापुरुष के गीत

लेखन से निर्वासन काल की कविताएँ

Celebrating
30 Years of Publishing
in India

पुस्तक की प्रशंसा में

बहुचर्चित तमिल लेखक पेरुमाल मुरुगन के आत्म-निर्वासन काल की कविताओं का संग्रह 'एक कापुरुष के गीत' के हिन्दी अनुवाद का प्रकाशन समकालीन हिन्दी जगत के लिए भी महत्वपूर्ण घटना है। संग्रह का अनुवाद सुपरिचित लेखक मोहन वर्मा ने तमिल जानकारों की सहायता से अँग्रेजी रूपांतर से किया है। इसमें मूल का संगीत भले अस्फुट रहा हो पर आशय और स्वभाव मूल को व्यंजित करते हैं।

पेरुमाल मुरुगन की ये कविताएँ जीवन के प्रति गहरी लालसा और व्यवस्था के प्रति हिक़ारत से भरी हैं। लेकिन केन्द्रीय स्वर में कहीं भी कटुता या आत्म-दया का भाव नहीं है। ये कविताएँ उद्दाम जीवन-आवेग और अप्रतिहत सृजनशीलता का उद्घोष हैं। कोई भी शक्ति एक रचनाकार को चुप नहीं करा सकती। असहमति और आलोचना का अधिकार जीवन की बुनियादी शर्त है—मात्र एक शब्द जो मेरे होंठ जानते हैं वह है 'ना'। परन्तु अनेक त्रासद बिम्बों एवं प्रसंगों के बावजूद, जैसे कसाई, कटे हुए सिर, और विलक्षण कविता 'फाँसी घर', यह संग्रह गहन आत्मीयता से अपने आसपास के जीवन का अवलोकन करता है और बहुत मामूली, कई बार क्षुद्र प्रसंगों को उदात्तता प्रदान करता है; हाँलाकि यह स्थिरता और प्रशांति तब और भी कठिन हो जाती है जब लगे कि 'यह वो समय है कि वायु तक विषैली है'। लेकिन कवि बहुत गौर से जीवन की हर जुंबिश को दर्ज करता है। छुई-मुई का पौधा, ताड़ी चुवाना, चूहा, घोंघा, मकड़ीजाल, सफेद कौआ और भौंरा कुछ ऐसे ही विषय है। मुरुगन ने इन्हें बेहद क़रीब और प्रेम से देखा है और ये सब कविताएँ यही सिद्ध करती हैं कि जीवन के प्रवाह को कोई रोक नहीं सकता। इनके साथ तादात्म्य और सहकार

ने कवि को और भी मृदुल कर दिया है—'मेरी दिव्य भाषा में श्राप देने के लिए शब्द ही नहीं है'।

इस संग्रह की अनेक कविताओं की तरह शीर्षक कविता 'एक कापुरुष का गीत' भी अविस्मरणीय कविता है जो उन 'कायरों' का यशोगान करती है जो किसी को नुक़सान नहीं पहुँचा सकते। आत्म निर्वासन और अपने अंदर सिकुड़ते जाने की इच्छा—अब मैं जीवन बिता रहा हूँ अपने लिए एक निजी संसार रचने को—के बावजूद मुरुगन ने हमारे समय के दुख, यातना और त्रासदी को वाणी दी है और जीवन का जयघोष करते हुए हमारी आशा और विश्वास को सशक्त किया है—'जीवन में वह दिन वह विशेष दिन तुम कभी भूल नहीं पाओगे जिस दिन तुम्हारी आँखों के सामने तुम्हें मार डाला गया था', लेकिन यही तो रचनाकार की अमरता है।

—अरुण कमल

तमिल लेखक पेरुमाल मुरुगन के उपन्यास 'मादोरुबागन' का अंग्रेज़ी अनुवाद 'वन पार्ट वोमेन' जब छपा तो पोंगापंथियों ने 'भीतर से भौंकने वाले घर के कुत्तों' की तरह भारी हाय तौबा मचा दी। लेखक को लगा कि 'मैंने सब के लिए असुबिधा पैदा कर दी है।' उनकी लेखनी से नाराज़ होकर लोग उन्हें जूतों की झड़ी का उपहार देने लगे। कुछ के लिए उनकी दाढ़ी, कुछ के लिए उनके वस्त्र, कुछ के लिए उनका आचरण, कुछ के लिए उनकी वाणी, कुछ के लिए उनका लेखन तो कुछ के लिए उनका अस्तित्व ही नाराज़गी का कारण था, परन्तु वह किसी के लिए भी असुविधा का कारण नहीं बनना चाहते थे। उनकी स्थिति 'छुईमुई के पौधे' जैसी थी, जो छूते ही अपने में सिकुड़ जाता है। इसलिए स्वयं को दफ़ा करके हताश मुरुगन को घोषणा करनी पड़ी 'मैं लेखक के रूप में मर चुका हूँ।' और वह आत्म निर्वासन में चले गये, परन्तु वह निष्क्रिय नहीं रहे। सन 2015 से 2016 के दौरान पडालकल' संग्रह की कविताएं लिखते रहे, जिसका अंग्रेज़ी अनुवाद 2017 में अनिरुद्ध वासुदेवन ने 'सांग्स ऑफ़ ए कॉवर्ड' शीर्षक से किया। आत्म निर्वासन काल की इन अविस्मरणीय कविताओं का हिंदी में अनुवाद वरिष्ठ कवि और अनुवादक मोहन वर्मा ने 'एक कापुरुष के गीत' शीर्षक से किया है।

यह हिन्दीकरण इतना सृजनात्मक है कि लगता ही नहीं है कि हम तमिल कविता का अनुवाद या रुपांतर पढ़ रहे हैं। हिंदी का इतना अपना मुहावरा यहाँ है कि कविताएं हिंदी में लिखी गयी मौलिक रचनाएं लगती हैं। वर्मा जी ने मुरुगन के उक्त चर्चित उपन्यास का भी अनुवाद 'नर नारीश्वर' शीर्षक से किया है।

'विरोध, क्रान्ति, विद्रोह ये शब्द आज अर्थहीन हैं। चूजों की भांति कोओं की पकड़ में मरना है। कवि केवल दर्शक की तरह जीना चाहता है। यह वह समय है, जब वायु तक विषैली है।' क्या यह सन 2020 और 2021 की करोना कालीन निरंकुश राजनीति का भविष्य कथन नहीं है ! इसीलिए तो कवि को भविष्य दृष्टा ऋषि कहा जाता है, जहाँ रवि नहीं पहुँचता, वहाँ भी कवि पहुँच जाता है। अन्य कवि शब्द की खोज में जीवन भर भटकते हैं, परन्तु मुरुगन के यहाँ खूंखार भेड़ियों की तरह शब्द कविता का पीछा करते हैं। कट्टरपंथियों के हमलों ने कवि और उसके परिवार को पशु बना दिया है। उसे लगता है कि उसके सींग उग आये हैं। समाज उसके साथ चूहे जैसा व्यवहार कर रहा है। फ्रैंज काफ्का की कालजयी कहानी 'कायाकल्प' की तरह वह प्रयोगशाला का चूहा बन गया है—'मैं एक मृत चूहे के विषाक्त शरीर में प्रवेश करता हूँ। मकड़ी के जाल में लिपटी हैं संज्ञाएं। व्यवस्था की मकड़ी ने बैनर की तरह बुना है जाला पर वह अपने जाल में नहीं रहती।' हिटलर के जर्मनी की तरह विकट त्रासद है आज का समय यह 'पूरे शरीर का मुंडन' जैसी भयावह कविता में प्रगट है, जहाँ सड़क और गलियों में सिर बिखरे पड़े हैं।

'केवल शरीर मरता है आत्मा नहीं' इस सत्य ने कवि को जीवित रखा, क्योंकि कविता के सहारे सब कुछ ठीक हो सकता है। कवि एक भीषण गुर्राहट सुनता है। श्वेत सर्पों की वाहिनी उसे बहा ले जाती है। संतुलन संभाल कर लहरों के शिखर पर खड़ा है कवि आकाश को चुराता हुआ। 'बहुत हो गया अब बस।' हताशा का अंत होता है। 'एक बेचारा छोटा सा भोंरा', 'तुम्हारा आना' आदि कविताओं में आशा का स्वर मुखर है। निर्वासन काल में केवल निराशा ही नहीं थी। इस संग्रह की अनेक कविताएं ऐसी हैं, जो भारतीय कविता की उपलब्धि हैं। कवि घर में लौटता है। 'पूरा विश्व किराये पर लिया घर है। वह अपंरपार बीजों का कोष है।' 'एक सुसभ्य पुरुष की तरह' घर कई कविताओं में आत्मीय पारिवारिक जीवन की तरह आया है। 'उसे चाय की तलब है' जैसे

टटके और अद्‌भुत प्रयोग यहाँ हैं। लगता है हिंदी के अमर कवि वीरेन डंगवाल की कविता पढ़ रहे हैं। 'दिनों के नाम पुराने हो गये नए नाम रखें', 'कोयल की पुकार', 'हिम की फुहार', 'पसीजता पत्थर', 'दूज का चाँद', 'संज्ञा विहीन भाषा', 'सिर विहीन लोग', 'घोंघे का खोल' ऐसी कविताएं हैं, जिन पर हर भाषा को गर्व होगा। व्यंग से सरोबार है 'नास्तिक'। घोंघे को कवि चूने का पिंजरा कहता है। मुरुगन के यहाँ इंद्रिय बोध इतना प्रबल है कि आग भी महकदार है। शिल्प का सौंदर्य, विचारों की चहल पहल, आशा निराशा के झोंके, कथन और कथ्य की ताजगी, दृष्टि की व्यापकता के साथ गहराई, अद्‌भुत कल्पना शीलता, जीवन से मुठभेड़ और मानवीयता आदि अनेक तत्व हैं, जो पेरुमाल मुरुगन को विश्व के श्रेष्ठ कवियों की श्रेणी में रखते हैं। इस असाधारण संग्रह का हिन्दीकरण भी अविस्मरणीय है।

—इब्बार रब्बी

पेरुमाल मुरुगन की कुछ और पुस्तकें

नर–नारीश्वर

पोन्ना का अभिशाप

पोन्ना की अग्निपरीक्षा

एक कापुरुष के गीत

लेखन से निर्वासन काल की कविताएँ

पेरुमाल मुरुगन

अनुवादक

मोहन वर्मा

प्रथम प्रकाशन 2023
हार्पर हिन्दी
(हार्परकॉलिंस पब्लिशर्स इंडिया) द्वारा प्रकाशित 2023
बिल्डिंग नं. 10, टावर A, 4th फ्लोर,
डीएलएफ साइबर सिटी, फेज II, गुरुग्राम 122002, भारत
www.harpercollins.co.in

ISBN: 978-93-90678-11-2

टाइपसेटिंग : निओ साफ्टवेयर कन्सलटैंट्स, प्रयागराज (इलाहाबाद)

मुद्रक : माइक्रो प्रिंट इण्डिया, नई दिल्ली

HarperCollinsIn

अनुवादक की ओर से

सन् 2010 में जब पेरुमाल मुरुगन का उपन्यास *मादोरुबागन* प्रकाशित हुआ तो साहित्य जगत ने उसका उसी प्रकार स्वागत किया जैसे उनके पूर्व उपन्यास और कविता संग्रहों का किया था। परन्तु दस वर्ष बाद जब *मादोरुबागन* का अंग्रेज़ी अनुवाद *वन पार्ट वुमैन* प्रकाशित हुआ तो उसको लेकर एक बवण्डर उठ खड़ा हुआ। मुरुगन एवं उनके परिवार को हिन्दुत्व समुदाय के हाथों जो यन्त्रणा सहनी पड़ी उससे उद्विग्न होकर मुरुगन ने घोषणा की कि एक लेखक के रूप में वह मर चुके हैं। परन्तु मुरुगन के लिए ऐसा करना सम्भव न था। *कोषैयिन पडालकल* की भूमिका में वह लिखते हैं : 'मैं अपनी आवाज़ खो चुका था। मुझे लगा कि कुछ दिनों में यह विषाद अलोप हो जायेगा।... शायद मैं उतना प्रबल न था कि अपनी आवाज़ को पूरी तरह मार सकूँ। अतः वह एक गर्जना के साथ उठ खड़ी हुई और मुझे अपने अधीन कर लिया और फिर वह हर दिशा में रिसती चली गयी जैसे एक जल–स्रोत जिसको रोकना सम्भव न हो।' लेखन से निर्वासन काल के बीच उनका दुःख, उनका सन्ताप, उनकी वेदना कविताओं में एक अदम्य जल–स्रोत की तरह उभरे और एक नदी की तरह बहते चले गये। सन् 2015–16 के दौरान लिखी गयी यह कविताएँ *कोषैयिन पडालकल* शीर्षक से प्रकाश में आयीं तथा अनिरुद्धन वासुदेवन के द्वारा अंग्रेज़ी में उन कविताओं का अनुवाद *सॉन्ग्स ऑफ़ ए कॉवर्ड* शीर्षक से 2017 में प्रकाशित हुआ। यह कविता संग्रह *एक कापुरुष के गीत* उन्हीं कविताओं का हिन्दी में अनुवाद है।

मैं मुरुगन और उनके परिवार के साथ हुए अन्याय से बहुत विक्षुब्ध था तथा भारत में अभिव्यक्ति की स्वतन्त्रता पर हो रहे प्रहारों के समाचारों से उद्विग्न था और रोष से भरा हुआ था अतः मैंने जब इस संकलन की कविताओं को पढ़ा तो बहुत ही विकल हो उठा और इन कविताओं को हिन्दी पाठकों तक पहुँचाने के लिए व्यग्र भी। यह बीड़ा उठा तो लिया परन्तु तुरन्त ही यह बात मुझ पर उजागर हो गयी कि इन कविताओं का हिन्दी में अनुवाद करने की तुलना में *मादोरुबागन* का अनुवाद करना मेरे लिए कहीं अधिक सरल रहा था। शीघ्र ही यह कार्य एक बहुत बड़ी चुनौती बन गया। प्रश्न था मुरुगन की वेदना, विकलता और विवशता को मैं अनुवाद में किस तरह उतार कर लाऊँ। यह तभी सम्भव हो सकता था जब मैं मुरुगन की उस समय की मनोःस्थिति के साथ स्वयं को एकीकार कर लूँ। कई बार सोचा कि मेरे लिए यह अनुवाद करना सम्भव न होगा और बीच ही में विराम ले लिया। परन्तु प्रश्न मुरुगन के साथ पूर्ण एकता का भी था। अतः मैंने स्वयं को सभी ओर से समेट कर एकाकीपन में क़ैद कर लिया और इस कठिन काम को पूर्णता देने में सक्षम हुआ। इस कार्य में मैं कितना सफल हुआ हूँ, इसका निर्णय तो आप ही करेंगे।

इस संग्रह में *'जहाँ न जाने मैं कहाँ हूँ?'*, *'एक अनोखा नर पशु'*, *'मेरी दिव्य भाषा में'*, *'छुई–मुई का पौधा'*, *'मकड़ी का निशाना'*, *'कुदाल'*, *'मेरी क़लम'*, *'बहुत हो गया अब बस'*, *'मेरे लिए कुछ करना सम्भव कहाँ है?'* आदि अनेक कविताएँ मुरुगन की वेदना और पीड़ा को दर्शाती हैं वहीं दूसरी ओर कविताएँ *'कविता के लिए विषय'*, *'वर्षा की बूँद में परिवर्तित होना है'*, *'जंगल में मंगल' – 1 – 5*, *'मुझे वर्षा ऋतु पसंद है'* आदि यह दर्शाती हैं कि अपने संघर्ष के दिनों में मुरुगन को प्रकृति के सानिध्य में परिस्थितियों से जूझने का उससे कितना सहारा मिला था। इसके अतरिक्त *'किराए का घर'*, *'अपना घर'*, *'नया घर'* आदि वह कविताएँ हैं जो हमें उनके परिवार के जीवन में आई उथल–पुथल से परिचित कराती हैं।

मुझे तमिल पढ़ना और लिखना नहीं आता, यह मेरी अक्षमता है। मैं डॉ. एच. बालसुब्रह्मण्यम जी का आभारी हूँ जिन्होंने मेरे अनुवाद को मूल कविताओं से मिलाकर अनेक बहुमूल्य सुझाव दिये। वस्तुतः उनके इस योगदान के लिए आभार बहुत छोटा शब्द है। मैं अपने अभिन्न मित्र मंजुनाथ पाण्डेकुर का भी उनके सहयोग तथा सहायता के लिए आभारी हूँ।

अब यह पुस्तक आपके हाथों में है और मुझे पूरा विश्वास है कि इस संग्रह की कविताओं को पढ़ते समय आप भी उसी तरह आक्रोश से भर उठेंगे जिस तरह अनुवाद करते समय मेरे लिए उस पर नियन्त्रण करना एक दुःसाध्य कार्य हो गया था तथा मुरुगन के प्रति उस संवेदना से परिपूर्णित होंगे जिसके वह हकदार हैं। अन्त में मुरुगन के साहस, निष्ठा और उनकी ज़िन्दादिली के लिए नमन के साथ–

मोहन वर्मा

फ़िलेडैल्फ़िया, यू.एस.ए.

भूमिका

(कोषैयिन पडालकल की भूमिका का हिन्दी अनुवाद)

और फिर वह हर दिशा में रिसती ही चली गयी

मैं लेखन में रूपक एवं अन्य अलंकारों का प्रयोग करना जानता हूँ। पशुओं को चराने के लिए चरागाह में किस तरह ले जाते हैं वह भी मुझे आता है। मुझे इसका भी थोड़ा बहुत अनुभव है कि सोडा–वाटर की दुकान कैसे चलाई जाती है। मैंने थोड़े समय के लिए पत्रकार के रूप में भी काम किया है। परन्तु अब पिछले बीस वर्षों से अधिकांश रूप से मैं एक लेखक ही रहा हूँ। लेखन ही मेरा असली पेशा है। जब मैं बहुत छोटा था, मुझे पता चल गया था कि मैं लिख सकता हूँ। लेखन ही है जिसने सदैव मुझमें वास किया है और मुझे सबके साथ बाँटा है। इसने सदैव मेरा साथ दिया है, मार्ग दिखलाया है और मुझे इस योग्य बनाया है कि मैं अपनी ओर देख सकूँ। लेखन के द्वारा ही मुझे यह आनन्द प्राप्त हुआ है कि भविष्य की ओर देख सकूँ और भूत की ओर भी। दिन–रात और बार–बार वसन्त की कोयल की तरह लेखन ने मुझे आवाज़ प्रदान की है और ऐसा कभी नहीं हुआ कि मैं लेखन में संलग्न नहीं रहा।

यह सही है कि सांसारिक जीवन के बोझ तले मैं यदाकदा लेखन नहीं कर सका, परन्तु उन स्थितियों में भी मेरे मस्तिष्क में भिन्न–भिन्न प्रकार का चिन्तन और कल्पनाएँ निरन्तर उभरती रही हैं।

मैं नहीं जानता कि मनन के प्रवाह को रोकने या उसको क़ाबू में रख लेने की क्षमता मुझमें है या नहीं, परन्तु मैं इतना अवश्य जानता हूँ कि उन पर लगाम लगाने की इच्छा मैंने कभी महसूस नहीं की है। न जाने कितने ख़याल मस्तिष्क से भाग निकले और कभी वापस न आये। परन्तु ऐसा भी न जाने कितना चिन्तन है जो लगता था कि दूर चला गया है, परन्तु वास्तव में वह मेरे मानस में ही दफ़न होकर पड़ा हुआ है और काग़ज़ पर क़लम रखते ही प्रगट हो जायेगा। लेखन मेरे लिए एक मानसिक आदत बन चुकी है और कविता मेरा उत्कृष्ट निमित्त है। सही या ग़लत वह मेरे लिए मेरी भावुकता का और मनोभावों का निकास है।

जीवन में किसी भी चीज़ से पारित होने के लिए कविता मेरी वाहक है। कोई अन्तर नहीं पड़ता कि स्थिति कितनी तनावपूर्ण है, केवल एक शब्द, जो मेरे मानस में ढल रहा होता है, उसके कगार पर लटका हुआ मैं, उस स्थिति को झेल ले जाता हूँ। कभी–कभी मेरी यह स्वयं से बातें करने की आदत, विशेषकर उस समय जब मेरी विचार–शृंखला शब्दों में ढल रही होती है, वह सरलता के साथ यूँ ही टपक पड़ती है। मुझे उस पर मलाल आता है। प्रारम्भ के एकाकी शब्द शृंखला में गुँथ जाते हैं। इस तरह से अगर देखा जाये तो हर उस चिन्तन को जो मेरे मस्तिष्क में कुलबुला रहा होता है और शिखर पर आना चाहता है, मेरी मानसिक आदत उन्हें सँभालकर रखने के लिए एक दैवी वरदान है।

परन्तु मेरे जीवन में एक क्षण ऐसा आया जब इस वरदान को आघात लगा और वह मेरे लिए एक शाप बन गया। मुझे लगा कि सब कुछ जैसे समाप्त हो गया और मैं अपने लेखन का दाह–संस्कार कर अब आगे का जीवन जीने के लिए कुछ और कर सकूँगा। परन्तु कुछ और करने में कामयाबी हासिल करना सम्भव न था। मुझे महसूस हुआ कि मैं केवल एक चलती–फिरती लाश था। मैं क्या करता। मैं अपनी आवाज़ खो चुका था। मुझे लगा कि कुछ दिनों में यह विषाद अलोप हो जायेगा। परन्तु ऐसा नहीं हुआ। मुझे ऐसा लगता था कि

जैसे मैं अपने हाथों की सारी शक्ति खो चुका हूँ। क़ब्र से उठकर मिट्टी को साथ लिए मेरी मानसिक आदत धीरे–धीरे वापस लौट आयी। शायद मैं उतना प्रबल न था कि अपनी आवाज़ को पूरी तरह मार सकूँ। अतः वह एक गर्जना के साथ उठ खड़ी हुई और मुझे अपने अधीन कर लिया और फिर वह हर दिशा में रिसती चली गई जैसे एक जल–स्रोत, जिसको रोकना सम्भव न हो।

इस सुअवसर का लाभ उठाकर मैंने क़लम और काग़ज़ फिर से हाथ में थाम लिए। शब्द तेज़ प्रवाह के साथ बाहर आते चले गये, इससे पहले ऐसा कभी नहीं हुआ था। कविता एक सर्वोत्तम औषधि है, संजीव पर्वत से आयी अनूठी जड़ी–बूटी। यह कविता ही थी जिसने मुझे पुनर्जीवित किया।

पिछले डेढ़ वर्ष जब मैं चैन्नई में था, मेरी मित्रता श्रीनिवास नटराजन से हुई जो एक बहुत ही अच्छे कलाकार और पेंटर हैं। उस अवधि के दौरान उन्होंने अपना उपन्यास *विदम्बनम* मेरे लिए ही लिखा था। जिस दिन कवि आत्मानम् का श्रद्धांजलि दिवस था उसके दूसरे दिन मैंने कविता *क़यामत का दिन* (6 जुलाई 2016) जो इस संग्रह में सम्मिलित है, लिखी थी। उस दिन हम कुछ मित्रजन मरीना बीच पर इकट्ठे हुए थे। श्रीनिवारा ने मुझसे अनुरोध किया कि मैं एक और कविता लिखूँ, *क़यामत का दिन* के बाद की एक नयी कविता। मैंने वैसा ही किया। वह कविता अब उनके उपन्यास का अंग है।

श्रीनिवास नटराजन ने ही *कोषैयिन पडालकल* का, जिसकी यह पुस्तक हिन्दी अनुवाद है, मुखपृष्ठ भी डिजाइन किया।

मैंने अपने पिता को, जो पढ़ना–लिखना नहीं जानते थे, दस्तख़त करना सिखाया था। मेरे पास उनका एक भी फ़ोटो नहीं है बस उनके दस्तख़त हैं जो उन्होंने मेरी दसवीं कक्षा की रजिस्ट्री पर किये थे। उन दस्तख़तों को देखता हूँ तो मुझे ऐसा लगता है जैसेकि मैं उन्हीं को देख रहा हूँ। श्रीनिवास ने उन हस्ताक्षर को बहुत ही सुन्दर ढंग से फिर से बनाया और उसे तमिल संस्करण के मुखपृष्ठ पर जड़ा। मैं उनकी इस सृजनता के लिए उनका आभारी हूँ।

कवि सुकुमारन ने इस संग्रह की कविताओं को पढ़ा, अपनी प्रतिक्रिया दी और इस पुस्तक का उपसंहार भी लिखा। उनको मेरा स्नेहपूर्ण आभार और कलाचुवडु के मेरे मित्र कण्णन को भी, जो इस संग्रह को प्रकाशित करने के लिए अत्यधिक रूप से उत्सुक रहे हैं।

एक तरह से मेरे लिए यह मेरी पहली पुस्तक है। अतः उन लोगों की सूची बहुत लम्बी है जिनका मुझे धन्यवाद करना चाहिए। यह संग्रह उस अनुभूति की अभिव्यक्ति है जो कृतज्ञता की गहराइयों से परे है। मैं इस संग्रह को उन सबको समर्पित करता हूँ जो बुरे दिनों में मेरे साथ खड़े हुए।

नमाक्कल

05 अगस्त 2016

पेरुमाल मुरुगन

अनुक्रम

न जाने मैं कहाँ हूँ?

मैं एक मृतप्राय सफ़ेद चूहे के
विषाक्त शरीर में प्रवेश करता हूँ
जैसे किसी स्वप्न से
अचानक जाग उठा हो
चारों ओर फैली अनन्तता को देखकर
वह बहुत भयभीत है।

घबराकर,
आवेश में इधर–उधर भागता है
चौड़े किनारे की तह में पैंठ
माँद खोदता है।

ज्यों–ज्यों गड्ढे से बालू कुरेदता है
हवा और प्रकाश
उसकी त्वचा पर आ बिखरते हैं
वह काँप उठता है, सिकुड़ता है
और तेज़ी से गड्ढा खोदने लगता है।

हज़ारों वीथिकाएँ हैं यहाँ
हज़ारों अन्धी गलियाँ
एक ऐसी गुहा में बन्द
जिसको किसी के लिए खोज पाना असम्भव है
न जाने मैं कहाँ हूँ?

(22 फ़रवरी 2015)

एक विशाल जल धारा

अनाम, अनन्त
अगम्य अरण्य

कुलाँचें भरता
अकेला मेमना
उछलते, दौड़ते
बनाता है नयी राहें।

रास्ते में अचानक
आ गयी जल धारा
पार करने
दौड़ कर
लगाता है छलाँग

ऐसा हो सकता है
नदी के पार जा
मेमना मुड़ कर
उसे अचरज से देखे

पर यह भी तो हो सकता है
नदी को लाँघते

वह डगमगा जाये
गिरे और मर जाये।

बस यही कामना है
चौड़े मुख वाला दरिया
उस मेमने का भला करे।

(22 फ़रवरी 2015)

एक झलक

अन्तहीन सूखे से ग्रस्त मेरे इलाक़े में
एक चमत्कार घटता है

मैं एक भीषण गुर्राहट सुनता हूँ
सोचता हूँ–
शायद हवा का प्रकोप है
श्वेत सर्पों की वाहिनी
लहरों की भाँति
झाग उगलती, आती
मुझे बहा ले जाती है

जब मैं सन्तुलन सम्हालता
लहरों के शिखर पर खड़ा होता हूँ
आकाश की एक झलक चुरा लेता हूँ

और तब ही लहर करवट बदलती है
और मुझे अपने भीतर लपेट लेती है।

(22 फ़रवरी 2015)

एक अनोखा नर पशु

मैं जिस किसी से मिलता हूँ
मेरा होना मात्र उनके लिए
एक ख़तरा बन जाता है

मैं जैसे ही प्रवेश करता हूँ
वे दरवाज़े और खिड़कियाँ
बन्द कर लेते हैं
जैसे ही मुझे देखते हैं
मेहमानों को
झटपट विदा कर देते हैं
मेरे शब्दों से दूर जा
व्याकुल हो इधर–उधर देखते हैं
और शान्त होकर
शीघ्र से शीघ्र मुझे वापस भेजने का
उपाय सोचते हैं

अपने–अपने मोबाइल फ़ोन
मेज़ के नीचे ले जाकर
टेक्स्ट भेजते हैं
और न जाने किस–किस को
मेरे आने की सूचना देते हैं
मेरे साथ फ़ोटो खिंचवाकर

जल्दी से विदा लेते हैं
मेरी आवाज़ को
एक अनहोने अचरज में
ढालने की कोशिश करते हैं।

मेरे सिर के ऊपर किसी ने
बना दिए हैं दो सींग
जिन्हें हर कोई देख सकता है
मुझे बदल कर रख दिया है किसी ने
एक अनोखे नर पशु में।

(22 फ़रवरी 2015)

एक बूँद भर असुविधा

(शाहजहान के लिए)

मैं सभी के लिए असुविधा पैदा कर देता हूँ

सबसे अधिक इसे जिसने सहा है
वह थी मेरी माँ
चूँकि मैं ज़रूरत से ज़्यादा उद्दण्ड था

मेरी पत्नी और बच्चों को भी
इसने यन्त्रणा पहुँचायी है

मेरी लेखनी से निकले
एक वाक्य मात्र से
जिन्हें असुविधा पहुँची है
वे उपहार देते हैं
मुझे जूतों की झड़ी का।

कुछ के लिए मेरी दाढ़ी असुविधा है
कुछ के लिए मेरे वस्त्र असुविधा हैं
कुछ के लिए मेरा आचरण असुविधा है
कुछ के लिए मेरी प्रवृद्धता असुविधा है
कुछ के लिए मेरी वाणी असुविधा है

कुछ के लिए मेरा लेखन असुविधा है
कुछ के लिए मेरा अस्तित्व असुविधा है।

बस एक ही कामना है
कि दफ़ा हो जाऊँ
और किसी के लिए भी
बनूँ न कोई असुविधा।

परन्तु
मेरी असुविधा की बूँद भर भी
यदि तुम पर कहीं जा पड़ी है
और तुमने उसे
धैर्यपूर्वक ग्रहण कर लिया है
तो तुम्हारे इस सच्चे प्रेम के लिए
मैं तुम्हारा आभारी हूँ ।

(23 फ़रवरी 2015)

दाह-संस्कार का समाचार

उस दिन सड़क
परिवर्तित हो गयी एक मरघट में

वे लोग, जो विरासत का दावा लेकर
चिता जलाने आये थे
उँगलियों के लिए आग लेकर आये थे
लेखन सब जल गया
धुआँ–धुआँ हो हवा में मिल गया

काज सभी रोक कर
दाह–सस्कार सम्पूर्ण हुआ

और अब
मैं तुम्हें
तुम्हारे ही शब्द याद दिलाना चाहता हूँ

केवल शरीर ही मृत्यु को प्राप्त होता है
आत्मा नहीं।

(23 फ़रवरी 2015)

दिनों का नामकरण

दिनों के नाम
बन कर रह गये हैं
पुरातत्त्व के खँडहर
क्यों न हम
भाषा के गोदाम से
नये शब्द बटोर कर
उन्हें नये नाम दें

सप्ताह, माह और वर्ष
यहाँ तक कि दिनों की भी
गणना करना पुराने ढंग का हो जायेगा

इनके स्थान पर
एक दिवस को नाम दें कोयल की पुकार
दूजे को नाम दें हिम की फुहार
एक दिन को नाम दें पसीजता पत्थर
किसी दिन को नाम दें पर्वत का शिखर
और एक दिन को नाम दें दूज का चाँद

हर दिन दूसरे से भिन्न, एकदम भिन्न
इतने सारे दिन

हम कुछ दिनों को नाम दें
शैतान की चीख़
मूर्ख की घुरघुराहट
शव का गन्धाना

और फिर उन्हें यों ही
सहज रूप से बीत जाने दें।

(23 फ़रवरी 2015)

संज्ञा विहीन भाषा

भाषा को पखारते
किसी की झाड़ू में
मकड़ी के जाल जैसा
जो कुछ आ लिपटा है
वह सब संज्ञाएँ हैं

जब वह
गन्धाते ढेर की सफाई करते–करते
लोगों के नाम छाँट निकाल फेंकता है
कचरे का अम्बार और ऊँचा हो जाता है

लोगों के नामों के साथ–साथ
स्थलों के नाम भी
कचरे के ढेर पर आ जाते हैं

वस्तुओं के लिए संज्ञाएँ
समय के लिए संज्ञाएँ
संज्ञाएँ गुणों के लिए
संज्ञाएँ शरीर के विभिन्न अंगों के लिए
कुछ भी तो नहीं बचता

और अब
शब्दकोश पर
सभी जगह
मात्र क्रियापद उछलकर आ गये हैं

भाषा माता की याचना पर
जो हिम शिला बन खड़ी है
वह तरस खाता है और उदार होकर
कुछ संज्ञाओं को आने की आज्ञा दे देता है
परन्तु वह लोगों के नाम न हों
और न ही उन स्थलों के जहाँ वे रहते हैं

परन्तु भाषा माता की मिन्नतों के दंश को
वह सह नहीं पाता है
सर्वनामों को भी आने की अनुमति दे देता है
और अपनी झाड़ू को
चुपचाप एक कोने में खड़ी कर देता है।

(23 फ़रवरी 2015)

कविता के सहारे

यद्यपि वह
एक अधूरे घोंसले के तिनके सा
चूर–चूर हो गिर रहा है
उसे लगता है
एक कविता के सहारे
सब कुछ ठीक हो सकता है

न जाने कितनी कविताएँ
सामने पड़ी हैं
जितनी कर सकता है
इकट्‌ठी कर लेता है

एक ऑफ़िसर को रोक कर
कविता सुनाता है
पहले तो ऑफ़िसर भौचक्का खड़ा रहता है
और फिर दौड़ते हुए
बार–बार मुड़ कर
उसकी ओर देखता है
उसे लगता है ऑफ़िसर को
कविता समझ में आ गयी है

अपने परिवार, नातेदार
और मित्रों के सामने कविता पाठ करता है
वह अनजान लोगों को, पुरुष, स्त्रियों को
बच्चों को, युवा और वृद्ध लोगों को
हर किसी को
अपनी कविताएँ सुनाता है
नगर के प्रवेश द्वार पर, मन्दिर की पीठ पर
पहाड़ी की तराई में, बस के अड्डे पर
गली गलियारों में, सड़क किनारे
वह कविता पाठ करता है

वह जो उसकी ओर तनिक ध्यान देते हैं
सोचते हैं वह पागल है, मुस्कराकर चल देते हैं
और कुछ स्तम्भित खड़े रह जाते हैं

हाँ, कुछ हैं जो उसकी कविताओं को बड़े चाव से सुनते हैं
और तब एक नये प्रभात की नवीनता लिए
उसकी आशा सुदृढ़ हो जाती है।

(23 फ़रवरी 2015)

छुई-मुई का पौधा

समय ने सूखी धरती पर
एक बीज रोप दिया
जो बारिश के दिनों में
छुई–मुई की कोपल में
अंकुरित हो गया
और देखते ही देखते
एक हरा–भरा पौधा बन खिल उठा।

उसकी विलक्षणता को कोई नहीं जानता था
क्षीण लाल फूल उस पौधे पर उभरते ही
एक अबोध बालक उसे देख मन्त्रमुग्ध रह गया
जैसे ही उसने फूल तोड़ना चाहा
पत्तियाँ थरथरायीं और सिमट गयीं
उसने झटपट सभी पत्तियों को छू डाला
और पौधे ने सारी पत्तियाँ अपने भीतर समेट लीं
जैसे वह मुरझा गया हो।

बालक दौड़ कर मित्रों को बुला लाया
वह उनको यह कौतुक दिखाना चाहता था
पत्तियाँ तब तक फिर से पूरी तरह खुल चुकी थीं।

उसने उन्हें उँगली से हलके से छुआ
पत्तियाँ कँपकँपायीं और सिकुड़ गयीं
एक बालक ने पाँव से छुआ
पत्तियाँ काँपीं और सिमट गयीं।

एक और बालक ने उन्हें जूते से छू दिया
पत्तियाँ काँपीं और सिकुड़ गयीं
दूसरे ने उन्हें डंडी से छुआ
पत्तियाँ काँपीं और सिमट गयीं।

एक बालक ने उन्हें होंठों से छुआ
पत्तियाँ काँपीं और सिकुड़ गयीं
और अपने को पूरी तरह बन्द कर लिया।

वे थोड़ी देर ठहरे रहे
जैसे ही पहली पत्ती ने पर्त खोली
उनमें से एक बालक ने
धमकी भरी आवाज़ से उसे छू डाला
पत्ती काँपी और सिकुड़ गयी।

उसके बाद
उनकी आवाज़ का स्पर्श मात्र ही यथेष्ट था
एक भी पत्ती न हिली न खुली।

(23 फ़रवरी 2015)

आत्मसमर्पण

मैं
लाया हूँ पुष्प
तुम
लेकर आये हो खंजर

लड़ाई की बात दूर रही
शान्ति भी सम्भव नहीं है
केवल समर्पण
पूर्ण आत्मसमर्पण

जाओ,
कर दो अपनी जीत की घोषणा
ताली और सीटियाँ बजाओ
नाचो और गाओ
आनन्द विभोर हो
उत्सव मनाओ

तुम्हारी दया और करुणा
उसके लिए कहाँ हैं
जिसे तुमने समाज से
बहिष्कृत कर दिया है

मैं थोड़ा हट कर खड़ा हूँ
बस देख रहा हूँ
पुष्प को उन पाँवों तले कुचलते
जो धरती को नहीं छूते।

(1 मार्च 2015)

किराये का घर

बहुधा
हम किराये के घरों में ही रहते हैं
हर हाल में यह सुविधाजनक भी है

बहुत सरल है एक ऐसे घर में
तुरत–फुरत बस जाना
जिसे कब और किस ने
न जाने किस के लिए बनाया था

पुराना होने के कारण यदि गन्धाता है
नये पेंट से पुताई करवा लीजिए
बस इतना ही करना है
पहले से तैयार कमरों में घुसिए
दीवार पर, कोनों में, अलमारियों के भीतर
चीज़ें लटकाने के लिए खूँटियाँ खोजिए

पाँवों के निशान और धूल की पर्तें
आसानी से बुहारी जा सकती हैं

यदा–कदा आ जाने वाले इस विचार से
कि हम किराये के घर में रहते हैं

बिना किसी झंझट के
हम शीघ्र ही छुटकारा पा सकते हैं।

और
पूरा विश्व
क्या वह भी एक किराये पर लिया हुआ
घर नहीं है?

(12 मार्च 2015)

अपना घर

वह घर जिसके हम स्वामी हैं
कितना सरल है उसका आनन्द उठाना

इस दुखदायी आशंका के बिना
कि एक दिन घर छोड़ कर जाना होगा
जब चाहें, जहाँ चाहें कील ठोंक सकते हैं
वस्तुएँ जुटा कर
स्थायी रूप से सजा सकते हैं

बड़े गर्व के साथ मेहमानों को
पूरा घर दिखा सकते हैं
वास्तु शास्त्र के अनुसार न होने की
उनकी आलोचना का खण्डन कर सकते हैं
मन ही मन विवेचना कर सकते हैं
कि हमारा घर दूसरे घरों से कितना भिन्न है
बैठक, बैडरूम, रसोई सभी कुछ तो है
यदि थोड़ी सी जगह और होती तो
डाइनिंग रूम और पूजा का कमरा भी होता
परन्तु
हमारे चुने पेंट का रंग एकदम भिन्न है
और वह पूर्णरूप से हमारी ही पसन्द है।

(14 मार्च 2015)

मैं एक काग शिशु

मैं जहाँ कहीं भी जाता हूँ
मेरे लिए रास्ते याद रखना बहुत कठिन है
और इस महानगर में
हर एक डगर बहुत ही पेचीदा है।

अलौकिक स्वर कहता है
'किसी को मित्र बना लो'
इलेक्ट्रिक ट्रेन, बसें, कारें, मोटरसाइकिलें
अपनी राह हर कोई चला जा रहा है
स्नेहशील मुस्कान बस उतनी देर ठहरती है
जितनी देर एक ट्रैफ़िक लाइट।

मित्रतापूर्ण चेहरे की तलाश में
इधर–उधर चक्कर लगाते
अस्वीकृतियों से भरी तपती दोपहर में
मेरा ध्यान कौओं पर जाता है

मैं एक काली गर्दन वाले ऐंठू कौए को चुन लेता हूँ
जो मेरे ऑफ़िस के पुराने दरवाज़े के ऊपर आ बैठा था
और जिसने काँव–काँव का शोर मचा रखा था
चार–पाँच दिन में हम मित्रता की कड़ी में बँध गये

मैं उसकी पंखे जैसी पूँछ थाम कर
सड़कें पार करने लगता हूँ
सुपर मार्केट से लेकर छोटी–मोटी दुकानों तक
बसों में चढ़ कर हर जगह जाने लगता हूँ
मल प्रवाह से बचा कर
कचरा समेटने लगता हूँ।

जब मुझे प्यास लगी
कौआ मुझे एक ऊँची इमारत की छत पर ले गया
जहाँ पानी की टंकी पालथी मार बैठी थी
वह फ़ालतू पानी बहाने वाले पाइप पर जा बैठा
और बड़ी सुघड़ता से चोंच में पानी सुड़क कर
मुझे पिलाने लगा
मैंने भी आतुर हो अपना मुख खोल दिया
जैसे मैं भी एक काग शिशु था।

(22 मार्च 2015)

दिव्य भाषा

मैं इतने रोष में हूँ
कि तुम्हारे लिए
अपशाप भरा एक गीत गाऊँ

मैं इतने रोष में हूँ
कि शाप दूँ
मेरा पुतला जलाने वाले हाथ
उस आग में ही जल कर भस्म हो जायें
शब्द जो विष में डूबे बाण बन
मेरी ओर आते हैं
मोड़ लें दिशाएँ
घायल करें, मार डालें
सन्धानने वाली
हृदय शिलाओं को

मैं इतने रोष में हूँ
कि गाऊँ
ओ नैतिकता के संरक्षको
यवनिका गिर जाये
तुम्हारी सच्चाई सामने आये
तुम्हारी अस्थियों की भस्म लगा कर
मरघट का देवता नाचता जाये

मैं इतने रोष में हूँ
कि भर्त्सनापूर्ण गीत गाऊँ
वे होंठ जो झूठ उगलते हैं
कान्तिहीन हो जल जायें
वह भीड़ जो झटपट
संगठित हो जाती है
मौत के गले लग जाये।

परन्तु मेरी दिव्य भाषा में
श्राप देने के लिए शब्द ही नहीं हैं
जाओ, चले जाओ और जियो!

(26 मार्च 2015)

एक प्रदर्शनीय वस्तु

मैं एक जीती जागती
प्रदर्शनीय वस्तु की तरह खड़ा हूँ
अनजान हाथ सर को टटोलते हैं
जानना चाहते हैं कि कहीं सींग तो नहीं हैं
मैं जब उदारतापूर्वक सर को झुकाता हूँ
वे डर कर दूर हट जाते हैं

औरों की पहुँच से बाहर
मैं एक शीशे के पिंजरे में खड़ा हूँ
पर उनकी पैनी निगाहें
मेरे ऊपर दौड़ रही हैं
क्या कुछ भिन्न है, ढूँढ़ रही हैं

मैं कुत्ते की तरह
दाँत निपोरता हूँ
जीभ बाहर निकालता हूँ
वे डर के मारे कपकँपाते हैं, भाग जाते हैं

बहुधा मेरा समय उन उदासीन पाँवों को
अपनी ओर आकर्षित करने में गुज़रता है

जो पास से यह सोच कर आगे बढ़ जाते हैं
कि मैं कुछ और नहीं बस एक और प्रदर्शन की चीज़ हूँ।

रात को, बस एक निर्जन अकेलापन।

इतना सरल नहीं है
प्रदर्शन की वस्तु होने का
अभ्यस्त हो जाना।

(26 मार्च 2015)

वे जिनके हाथ हैं

वे जब आते हैं हाथों को बन्द किये
उनके बीच छिपा होता है पैना चाक़ू

वे जब आते हैं खुले हाथ लिए
मुख या वस्त्रों में
हथियार छिपाने की
उनकी यह चाल है

वे जब आते हैं हाथ जोड़े हुए
तब निश्चय ही
कटार छिपी है वहाँ गुप्त रूप से

यदि उनके हाथों में झूलता है
फल या खाद्य पदार्थों से भरा झोला
तब अवश्य ही वह ज़हर में डूबे हैं

मुझसे हाथ मिलाने को
वे जब हाथ बढ़ाते हैं
मैं उसे एक विदेशी रस्म कह कर
टाल देता हूँ
उनकी उँगलियाँ जैसे आरे के दाँत हों

वे जब मुझे आलिंगन में लेने के लिए खींचते हैं
उस क्षण कुछ भी हो सकता है।

क्षमा करें
कोई भी व्यक्ति जो हाथ रखता है
मेरे लिए सन्देह का पात्र है।

(28 मार्च 2015)

सिर विहीन लोग

पूरे शहर में सिर विहीन हैं लोग सभी
मूर्तिकार बार–बार मिट्टी गूँधता है
पहन कर पसन्द करने को
लोगों के लिए अनेकानेक शीर्ष बनाता है।

जैसे बच्चे कपड़े उतारकर
मटरगश्ती करते हैं
उसी तरह लोग
अपने सिरों को उतार फेंकते हैं।

सड़क और गलियों में
सिर बिखरे पड़े हैं
शान्त हो मूर्तिकार फिर से
नये और उत्कृष्ट चेहरे बनाता है ।

स्त्रियों को लुभाने की आशा लिए
चन्द युवा उत्सुक हो उन्हें पहन लेते हैं
परन्तु एक ही क्षण में वे चेहरे
सपाट हो ढुलक पड़ते हैं।

जो लोग यह सोच कर आते हैं
कि उनके सिर विहीन तनों पर

नया सिर
उन्हें ताज पहनने का अवसर दे सकता है
कोई भी सिर ठीक से बैठ नहीं पाता है

मूर्तिकार म्लान हो हार मान लेता है
और सिर विहीन लोग
प्रसन्नतापूर्वक पूरे नगर में यों ही घूमते रहते हैं।

(29 मार्च 2015)

मेरी माँ बहुत भाग्यशाली थी

बहुत साल गुज़र चुके हैं मेरी माँ को मरे हुए
फिर भी हर दिन एक क्षण के लिए ही सही
मैं यह कामना करता हूँ
काश वह कुछ दिन और जीती रहती।

काश कोई बड़बड़ाहट किये बिना
मेरे दुःख के शूलों की चुभन सह लेता
दण्ड देकर मुझे अनुशासित करता
ग़ुस्सा होता और झगड़ता

प्यार की हर रग
गहरे कहीं इस तरह दौड़ी होती
जैसे कोई धागा गीली कंकरीट पर
अपना चिन्ह अंकित कर जाता है।

चलो अच्छा हुआ वह चली गयी
वह बहुत भाग्यशाली थी
नहीं देख पायी अपने बच्चे को
उस तरह जूझते हुए
जैसे नुचे पंख लिए
नन्ही चिड़िया
उछाली जाती है तूफ़ान में।

(15 अप्रेल 2015)

घोंघे का खोल

कहते हैं
घोंघा न जाने कितने पूर्व जन्मों का पाप
पीठ पर ढोया करता है
कोमल शरीर और खोखले सींग वाले
इस दीन प्राणी को
एक मज़बूत खोल चाहिए।

पत्तों और डंडियों का हलका सा स्पर्श
पर्याप्त है उसके लिए अन्दर सिमट जाने को।

फेंक दे अपने पापों का बोझा
वे उसे आदेश देते हैं
तू मात्र चूने का पिंजरा है
कह कर उसे खिझाते हैं।

धोंधा भी प्रयत्न करता है
कि खोल को उतार फेंके
किन्तु बेचारा प्राणी
उसका सहजात बोझा
उसी का रक्त चूस कर
बहुत सख़्त हो गया है।

शलाका लेकर समय उसे कुरेदता है
उसका पिण्ड खींचकर बाहर निकालता है
और धूप से झुलसती तारकोल की सड़क पर
उछाल फेंकता है।
उसका गन्धाता झुलसता शरीर
सभी जगह बिखरा पड़ा है
ज़मीन पर रगड़ते गाड़ियों के पहिये
उसे अपने साथ ले जाते हैं
कोई चिन्ह तक नहीं बचता।

अब आप घोंघों को
केवल शीशे की अलमारियों के पीछे देख सकते हैं
और आगे से घोंघे पूर्णतया निश्चल रहेंगे।

(14 अप्रेल 2015)

स्वभावानुसार

एक तपती दोपहर को
मेरे दुश्मन
जो मेरी प्रतीक्षा करते
मेरे पथ पर काँटे बो रहे थे
मुझ पर हमला कर बैठे।

पहले तो मैं चौंका
परन्तु तुरन्त ही
मैंने स्वयं को सँभाल लिया।

आदत के अनुसार
मेरे हाथ मेरी कमर पर जा पहुँचे

मेरी सजीली बैल्ट पर
लटक रहा था
केवल तलवार का साया।

(1 अप्रेल 2015)

कायरता

राजा ने सभी कायरों को
मार डालने का निर्णय लिया।

हर कोई बन बैठा योद्धा
गर्जना और हुंकारें चारों ओर गूँज उठीं
मानवीय शरीर
पृथ्वी के लिंग बन
ऊर्ध्व हो, उठ खड़े हुए।

म्यान से बाहर आकर तलवारें
हवा में लहराने लगीं
और दोपहर के आराम का आनन्द लेते हुए
कायर लोग पड़े रहे अपनी–अपनी म्यान में।

तलवारें वापस डालने को
जब म्यानें खोली गयीं
तलवारें चूहे की तरह उछल कर
फिर से बाहर आ गयीं
और अन्धकार में
इधर–उधर घूमने लगीं।

(1 अप्रेल 2015)

मुझे नहीं पता था कि वह एक पिशाच था

यह वही पिशाच है
जिसने जन्म से ही
मुझे अपने वश में कर रखा है
इससे पूर्व उसने
पिशाच के रूप में
स्वयं को कभी प्रकट नहीं किया।

मेरे साथ खेलने में
उसने कभी रुचि नहीं दिखाई
और न ही उसने मुझे
किसी के निकट ही आने दिया
मुझको वह अपनी चौड़ी
करुणाशील बाँहों में समेट कर
निर्जन स्थलों पर ले जाता
और अपने सुन्दर हाथों से दुलारता।

कभी मैं अंकुरित करता पंख तितलियों के
कभी मैं उभारता मधु मक्खी की मुड़ी हुई चोंच
कभी मैं सारस की टाँगें लिए खड़ा हो जाता
कभी शेर बनकर छलाँग लगाता
तो कभी भयभीत हिरन बन जाता
कभी चील की पैनी दृष्टि
तो कभी कोयल की सुर्ख आँखें हो जाता।

मैं निढाल होऊँ उससे पूर्व ही
वह मुझे पक्षी के पंख जैसा
हल्का–फुल्का बनाकर
मुझे वापस ले आता।

जब वह चुनता
एक दम घोंट देने वाला प्रेत बनना
मुझे गहरी नींद में सो जाने को बाध्य करता
जहाँ मुझे न प्यास लगती और न ही भूख।

आलस्य उसकी अनमोल सौगात थी
जब भी मैं उस पर गालियाँ उछालता
या दिखावटी ग़ुस्से में उसका गला घोंटता
वह हँसता और मुड़ कर छलाँग लगा
इमली के पेड़ की शाख पर जा बैठता
और वहाँ से निर्बाध शब्दों की बौछार करता
जिनसे मेरा कोश लबालब भर जाता।

अभी तक मुझे पता न था कि वह एक पिशाच था।

कहीं से एक पुजारी आता है
मुझे मन्त्र फूँकी रस्सियों में जकड़कर
तेज़ी से कोड़ा घुमाता है
प्रेत को भगाने के लिए मन्त्र पढ़ता है
उसे भस्म करने के लिए अग्नि जलाता है
मुझे अपने पिशाच पर तरस आता है
पिशाच, जो मैं स्वयं हूँ।

(5 अप्रेल 2015)

विद्युत वाली अग्नि

रात देर तक अंगारे भड़कते हैं
मुझे लुभाते हैं
और मैं पौष की ठण्ड से कपकँपाता
अपने खुले हाथ उनके आगे रख देता हूँ
वह झट से उन्हें चंगुल में लेकर
शवदाह वाली अग्नि बन
मेरे हाथों को जला देती है
लकड़ियों के साथ जलते
हाथों के टुकड़े कर
बिना आकार वाले मुख उन्हें चबाने लगते हैं।

गर्मियों में करीने से चुने गोबर के कण्डों पर
मैं अपने पाँव धँसाता हूँ
वे उस महकदार आग में
पूरी तरह पक जाते हैं
रहस्यमयी चोंचें उन्हें चुगती हैं, निगल लेती हैं।

मैं शरीर को धधकते टायरों की भभक में
जलने के लिए डाल देता हूँ
उसका घुमावदार काला धुआँ आकाश की ओर उठता है
प्रतीक्षारत झुण्डों की बेताब उगलियाँ

ताज़ा और तप्त मुझे ऐसे फाड़ती हैं
जैसे मैं कोई पंखिया खजूर हूँ।

अभी तक तो ऐसा ही होता आया है
पर अब
मैं विद्युत वाली अग्नि में उतरूँगा
जहाँ कोई भी हाथ मुझ तक न पहुँच पायेगा
मैं राख भी नहीं छोड़ूँगा
और हवा के साथ एक–रूप हो जाऊँगा।

(6 अप्रेल 2015)

जाली

बचपन में लोग मुझे पन्नादे*
कह कर पुकारते
ताड़ के खोल की बनी जाली
मैं छाना करता अर्क और ताड़ी।
जब तक वह मुझमें रुके रहते
उनके रिसने से पहले
मैं उन्हें पेट भर कर पीता
उसमें आकर फँस गये
मक्खी, झींगुर और चींटियों के
जीवन की सार्थकता के बारे में सोचता
और गहरी साँस लेकर
रिक्तता से भर जाता।

युवावस्था में मैं
बारीक़ी से बनायी गयी
बहुत ही बढ़िया जाली हुआ करता था
प्रतिदिन भाँति–भाँति के आकार लेता
विभिन्न रंगों में रँगता
मेरा नया ही स्वरूप होता
मैं अपने रंग–रूप पर मोहित था

---

* जालीदार कपड़ा जिसे द्रव्य पदार्थ छानने के लिए प्रयोग में लाया जाता है।

मैंने छानी ताड़ी, चाय और छाना घी
पर कुछ भी तो न रुका
धीरे–धीरे सब टपक गया
और यह सब बस झटपट हो गया
एक बार जीभ की नोक पर रखकर
मैंने उन्हें थोड़ा सा जो चखा
तो अन्य पदार्थों के लिए लालायित हो उठा
अब प्रौढ़ हो जाने पर
एक चौड़े मुख वाली बृहत् जाली बनकर
जिसका पूरा घेरा मेरे लिए देखना असम्भव है
अभी भी खड़ा हूँ
केवल पानी गिरता है और बाहर निकलता है।

यहाँ मैं खड़ा हूँ
एक विराट जाली बनकर
जो बड़ी ढीठता के साथ दुःख से चिपटी हुई है
और धीरे–धीरे सुख को रिस जाने देती है।

(7 अप्रेल 2015)

बहुत हो गया अब बस

तुम मेरी थाली को भोज्य पदार्थों से भरते हो
उनको स्वादिष्ट और सुगन्धित बनाने की चेष्टा करते हो
मेरे आने पर शाही लाल कालीन बिछाते हो
गुलाब की पंखुड़ियों की झड़ी लगाते हो
तुम मुझे अमृत पिला कर
मेरे होंठों को मुलायम तौलिये से पोंछते हो
तुम मुझे ऊँची पीठिका पर बिठा कर
मुझ पर प्रशंसा की बौछार करते हो।

बहुत हो गया अब बस!

बन्द करो यह सब
और मेरे पीठ पीछे खीझ भरी
मुद्राएँ बनाना भी।

(8 अप्रेल 2015)

एक मात्र ध्वनि जो मेरे होंठ जानते हैं

आज तक मैं
इस रहस्य से अज्ञात ही रहा
इतने दिनों तक यही सोचता रहा
कि कान मात्र
चिड़ियों की चहचहाहट
और संगीत सुनने के लिए बने हैं।

जिस तरह उत्सव के लाउडस्पीकर
जिधर चाहो उधर ही मोड़े जा सकते हैं
मैंने भी अपने कान
लोगों की आवाज़ की ओर मोड़ लिए हैं।

शब्दों के टकराने से
मेरे कान लम्बे हो गये है
और मेरे होंठ
किसी विशाल वृक्ष के पत्तों की भाँति
शान्त हो गये हैं।
मात्र एक शब्द
जो मेरे होंठ जानते हैं
वह है 'ना'
एक मात्र ध्वनि
उनसे जो निकलती है
वह है 'उम्र'।

(8 अप्रेल 2015)

एक कापुरुष का गीत

किसी पर भी आपदा
नहीं आती
किसी कायर के कारण
कहीं भी दंगा नहीं होता
किसी कायर के कारण
कहीं कुछ ध्वंस नहीं होता
किसी कायर के कारण।

कायर
कदापि तलवार नहीं खींचता
पेड़ पर वार कर
उसका पैनापन नहीं परखता
सचाई तो यह है
कायर तलवार ही नहीं रखता।

किसी को भी कायर से
कोई ख़तरा नहीं होता।

कायर
अन्धकार से डरता है
उसके मुख से गीत
मुखर होने लगते हैं।

कायर
दिन के प्रकाश से भयभीत हो जाता है
कविताएँ जन्म लेने लगती हैं
प्रकृति कायर का स्वागत करती है
वह पत्तियाँ नहीं नोचता
फूल नहीं तोड़ता।

प्रकृति कायर को छाती से लगाती है
जैसे एक माँ अपने कपकँपाते हुए बच्चे को
सदैव प्यार से दूध पिलाती है।

प्रकृति कायर का सम्मान करती है
वह केवल पेट भरने के लिए
बाहर निकलता है
वह कोई उलट–पुलट नहीं करता
सब कुछ अपने तक ही सीमित रखता है।

कायर के लिए दूभर है
घर के भीतर क़ैद रह कर जीना भी
कोनों और आलों की मरम्मत करने में
वह स्वयं को व्यस्त रखता है।

तुम कायर को नहीं पाओगे
किसी खेल के मैदान में
वह स्वयं को आने नहीं देता है
किसी राष्ट्रवादी उन्माद में।

कायर
किसी राजनीतिक पार्टी से नहीं जुड़ता
किसी विचारधारा के पीछे नहीं चलता
किसी भी नेता का अनुगामी नहीं बनता।

कायर
पोस्टर नहीं बना सकता
गत्ते के कट–आउट्स को
दूध से नहला नहीं सकता
उछल–कूद नहीं कर सकता
सीटी भी नहीं मार सकता
किसी जुलूस का हिस्सा नहीं बन सकता।

कायर
किसी से कुछ नहीं चुराता
जो उससे कुछ चुराते हैं
उनसे बिल्कुल नहीं झगड़ता।

कायर
बलात्कार करने का प्रयत्न नहीं करता
चोरी–छिपे किसी के शरीर को नहीं तकता।

कायर
कभी हत्यारा नहीं बन सकता
पर आत्महत्या के बारे में सोचता अवश्य है
और कभी–कभी कर भी लेता है।

(12 अप्रेल 2015)

ठीक यहाँ इसी विश्व में

यह विश्व
बकरी को चरागाह
पक्षी को आकाश
मछली को जल
देने से इनकार करता है।

और हमें विवश किया जाता है
रहने को
ठीक यहाँ
इसी विश्व में।

(10 अप्रेल 2015)

एक अनन्त कोष

किसी घर को ख़ाली करना इतना सरल तो नहीं है।

ख़ाली घर बिल्कुल भी शोभा नहीं देता है
अतः उसे भरने के लिए
हम निरन्तर सामान ख़रीदते रहते हैं।

यद्यपि यह सब करते–करते हम थक जाते हैं
पर जैसे ही दृष्टि पड़ती है किसी नयी वस्तु पर
गम्भीरता से सोचने लगते हैं
घर में कहाँ किस जगह वह शोभा दे सकती है।

पुरानी चीज़ों के लिए भी
हम स्थान ढूँढ़ लेते हैं
एक घर की सामर्थ्य उसकी चीज़ों से ही तो होती है।

घर अपरम्पार चीज़ों का कोष है।

और जब घर करते हैं ख़ाली
एक के बाद एक चीज़ें निकलती चली आती हैं
घर को ख़ाली करना दूभर हो जाता है।

(8 अप्रेल 2015)

पदचिह्न

मेरे घर में धूल ने
हर चीज़ को
पूरी तरह ढँका हुआ है।

मैं देर से घर पहुँचता हूँ
धूल पर चलता हूँ
पदचिह्न छोड़ता हूँ
पूरे घर में दौड़ लगाता हूँ
सभी जगह बस
पदचिह्न ही पदचिह्न!

जब यह यक़ीन हो जाता है
मेरे पदचिह्नों को
घर ने संभाल कर रख लिया है
उनको भी जो धूल के नीचे दबे पड़े थे
और जहाँ मैंने पाँव भी न रखा था
तो मैं निश्चिन्त हो जाता हूँ।

(11 जून 2015)

कुदाल

ईश्वर ने मुझे प्रेम
एक कुदाल के रूप में सौंपा था।

जैसे मेले में कोई किसान
परखता हो ख़रीदी हुई वस्तु को
मैंने भी परखा था बड़े ध्यान से
पुख़्ता लकड़ी का बना उसका हत्था
और लोहे की बनी उसकी भारी हाल।

जैसे जल पर झिलमिलाता हो सूरज
कुदाल की चौड़ी हाल ने
मुझे सदैव ही लुभाया था।

मैं प्रसन्न था
पृथ्वी के फैले विस्तार पर
कुदाल को काम में ला सकता था।

उसकी मदद से
छँटाई करके मैंने साफ़–सुथरे बाँध बनाये
घास को उनकी जड़ों तक सीमित रखकर
गाय बैलों को खिलाया

पेड़ों के लिए पर्याप्त पानी हो
अतः ढालू बनाकर नहर–नाले खोदे।

मैंने कुदाल से मनुहार की
माटी को ढेर पर से उठाकर
गड्ढों में डाल देने की
और यह सब करने में ही
मैंने सारा समय बिता दिया।

एक रात नींद न आने पर
मैं कुदाल को खोजने लगा
किनारों को खरोंच कर, धोकर
उसे खाट के नीचे रखा था सँभालकर
पर वह वहाँ न थी।

शोर सुन बाहर जाकर जो देखता हूँ
वह मेरे लिए ही गड्ढा खोद रही थी।

(15 अप्रेल 2015)

अतिक्रमण

पेड़ के नीचे पड़े
एक नागलिंग पुष्प को
मैंने उठा लिया।

ढीला ढाला लिंग
परन्तु ऊर्ध्व खड़ा नाग फन
झुका, निढाल
शुक्ल की कसैली गन्ध लिए
जैसे एक छतरी।

मैंने उसे मेज़ पर रख दिया
उसे बड़ी सराहना से देखा
और फिर मेरी झपकी लग गयी।

गन्ध चारों ओर फैल गयी
फन ने खुल कर
पूरे कमरे को घेर लिया
और जब मेरी आँख खुली
मैं पड़ा था श्वासहीन
उस फन के नीचे।

एक बेचारा छोटा-सा भौंरा

अरे यह छोटा भौंरा
अन्दर कैसे आ गया?
छत में पड़ी दरार से?
खिड़की की जाली के सूराख से?
दरवाज़े की झिरी से?
या फिर किसी के साथ जब वह अन्दर आया?
किसी तरह यह भौंरा
अन्दर आ गया।

उसकी भिनभिनाहट
मेरा सर बेधती है।

आया था जहाँ से
उस जगह को ढूँढ़ने की
पूरी कोशिश में लगा है
न जाने कितने रास्ते हैं
पर एक भी ढूँढ़ नहीं पाता है।

छत पर जा सिर टकराता है
जहाँ भी प्रकाश देखता है
वहीं रुक जाता है
और लौट आता है

उसका भिनभिनाना तीव्र हो जाता है
मुझे डर है भयग्रस्त उड़ते–उड़ते
कहीं मुझे डंक ही न मार दे।

मैं झपट कर
दरवाज़ा और खिड़कियाँ खोल देता हूँ
परन्तु भौंरे को
बाहर जाने का रास्ता नहीं मिलता है।

मैं बाहर आकर खड़ा हो जाता हूँ
और कुछ समय बाद
जब अन्दर आता हूँ, तो पाता हूँ
वह छोटा भौंरा
अभी भी इधर–उधर चक्कर लगा रहा है।

किसने इसको भेजा है यहाँ?
क्या होगा यदि यह
इस जगह पर क़ब्ज़ा ही कर बैठे?

मैं धैर्य खो बैठता हूँ
अपने शस्त्र उठाता हूँ–
एक लम्बी तौलिया
हाथ से झलने वाला पंखा
एक कम्बल
और युद्ध के लिए तैयार हो जाता हूँ।

क्या अब बच पायेगा
बिल्कुल नहीं?
यह छोटा बेचारा भौंरा।

सृजन नृत्य

मैं इसको लेकर अब क्या करूँ?

यह मानव नहीं
एक विषैला सर्प है
और सर्प के दाँतों बीच विष होता है।

यह सर्प भी कहाँ है, यह तो विशुद्ध विष है
और विष की विशिष्टता है सर्वनाश करना।

यह विष भी नहीं है, यह तो नृत्य है सृजन का।

मैं उसकी चकरी बना कर
टोकरी के अन्दर ठूँस देता हूँ
पर्तें लगाता हूँ
वह उपेक्षापूर्ण बस खड़ा रहता है
सबसे मज़बूत टोकरी को भी
धक्का देकर खोल देता है।

उसको ज़रूरत है
एक खुले बड़े स्थल की
जहाँ वह इधर–उधर रेंग सके।
परन्तु मैं
इससे ज़्यादा और कर क्या सकता हूँ
खपच्चियों से कस कर गठीं बुनी
एक टोकरी ही तो दे सकता हूँ।

घोंघे

घोंघे ही
मेरे लिए खेल का साधन हैं।

जब शान्त दिनों में
वे रेंगते हुए बाहर निकलते हैं
मुझे उत्तेजना से भर देते हैं।

मेरे हाथ जो कुछ भी लग जाये
डंडी, तार या सूई
उसे लेकर मैं उन्हें कोंचता हूँ
और वे जैसे कहते हों छुओ मत मुझे
उनके बाहर की ओर निकले
कुकुरमुत्ता जैसे छोटे–छोटे
बिना नोक वाले सींग भी हैं
जिन्हें उँगलियों से छूकर
मैं टहोका मार सकता हूँ।

बड़ी सरलता के साथ मैं उन्हें उठा सकता हूँ
छोटी चट्टानों पर उछाल फेंक सकता हूँ
अपनी रक्षा करने को उनके पास कवच हैं
छोटी–छोटी चूना भरी पिटारियाँ।

जिन दिनों मुझे घोंघे नहीं मिलते
मैं बस स्वयं को दर्पण में देख लेता हूँ।

शब्दों वाला खेल

एक दिन घर की अटारी में
मुझे एक पुराना बोर्ड गेम पल्लानकुज़्ही मिल गया
और कुछ शब्द भी
शायद कभी काम आयें यह सोच कर
मैंने उसमें डाल रखे थे।

खेल–खेल में मैंने
शब्दों को गुटों में बाँट दिया
और उन्हें गेम बोर्ड पर रखी प्यालियों में डाल दिया।

याचना वाले शब्दों की प्याली छलकने लगी
और बेबसी वाले शब्दों की प्याली में भी
अनेक अपशब्द तैरने लगे।

सहमति के शब्द ज़्यादा नहीं थे
परन्तु वह भी अपनी प्याली में जाकर गिरने लगे।

मैंने बड़ी सावधानी से
शान्ति वाले शब्द ढूँढ़ ढाँढ़ कर निकाले
और उन्हें उनकी प्याली की ओर ले गया
पर वह आधी से थोड़ी ज़्यादा
प्याली ही भर पाये।

स्नेह और प्यार के शब्द बहुधा जंग लगे थे
केवल कुछ टूटे–फूटे और कुछ खोटे ही बचे थे।

एक प्याली ख़ाली बची थी
चूम कर जिसे मैं अपना कह सकता था
और अपने प्रतिरोध के शब्दों को
उस ही प्याली में डालने का मेरा इरादा है।

पूरे शरीर का मुण्डन

राजा का आदेश हुआ
सभी जीवित इन्सानों की
खाल उधेड़ देने का।

लोग ढूँढ़ कर निकाल लाये
पुराने हजामत बनाने वाले
भोथरे टूटे–फूटे उस्तरे।

वे लोग जो उस्तरों का बन्दोबस्त कर सके हैं
चीखते चिल्लाते चारों ओर दौड़ रहे हैं।

कुण्ठित उस्तरे जो खरोंच भी न पाये
मोटी चमड़ियों को
वे अब खोज रहे हैं नरम चमड़ियों को।
और बालक और कलाकार
कोमल चमड़ी वाले होते हैं।

आदेश है बच्चों की चमड़ियाँ
छिपा कर उतारी जायें।

बच्चों को इकट्ठा कर
उन्हें विवश किया जाता है
देखें वह कलाकारों की चमड़ियाँ उतरते।

एक उस्तरा चेहरों की खाल उतार रहा है
दूसरा हथेलियों को लक्ष्य बना रहा है
तीसरा चीर रहा है उनकी पीठें फाँकों में।

तब वे धूप में सूखे हुए
उनकी त्वचा के टुकड़े उठा कर
डाल देते हैं बच्चों के हाथों में
बच्चे थरथराते हैं, रोते हैं
बन्द कर लेते हैं आँखें
और सिकुड़ जाते हैं।

और कलाकार
गहरे घावों से
रिसता लहू लिए
खड़े रहते हैं
जताते हैं
जैसे और कुछ नहीं
केवल मुण्डन हुआ है उनके पूरे शरीर का।

(4 जून 2015)

मकड़ी का लक्ष्य

मकड़ी ने जाला बैनर की तरह बुना है
इस ओर पेड़ से सिरा खींच कर
चौड़ी सड़क के पार जा
बाँधा है एक और पेड़ से।

कोई नहीं जानता
कौन–सा कोना, कौन–सी बुनाई
कितना बड़ा, कितना छोटा
असल में
मकड़ी तो वहाँ है ही नहीं
वह अपने जाल में रहती ही नहीं।

परन्तु उसकी आँखें
निगरानी करती रहती हैं कहीं दूर से।

न जाने कितने लोग
जो दिन के उजाले में
सड़क पार करते हैं
जाले की ओर ध्यान ही नहीं देते हैं
शाम को यदि कोई ध्यान लगाकर देखे
शायद देख पाये वह उसके तन्तुओं का हिलना
पर किसके पास समय है इतना।

न जाने कितने ही
छोटे–छोटे कीड़े–मकोड़े
गुबरैले, तितलियाँ, पतंगे
मकड़ी के जाल में आ फँसते हैं
छटपटाते हैं, मर जाते हैं।

पर दूर कहीं से
मकड़ी की आँखें
यह सब देखा करती हैं।

पर मकड़ी अभी निकलकर नहीं आयेगी
उसका लक्ष्य तो बड़ा है
बहुत बड़ा है
सबसे बड़े से भी बड़ा है
उसे इन्सान का हाथ जाल में फँसाना है।

(7 जून 2015)

मुझको अपना मुख दिखलाओ

इस उद्विग्न प्रतीक्षा की
यन्त्रणा को मैं शब्दों में कैसे बतलाऊँ
हाँ, कोशिश कर सकता हूँ।

दूर हिलती–डुलती आकृतियाँ
लगती हैं जैसे तुम हो
दूर से आती हुई आवाज़ें
तुम्हारी वाणी की तरह मधुर हैं।

मैं अब
तुम्हारी आस लिए बाहर आने
और मायूस हो लौट जाने का आदी हो चला हूँ,
मैं तुमको थाम कर अचानक
अचरज में डाल देना चाहता हूँ
परन्तु मैं स्वयं ही ख़ुद को ठग लेता हूँ।

मेरे पास थोड़ा–सा अवकाश है
कि अनुमान लगा सकूँ
तुम मेरे लिए क्या लेकर आओगी?

तुम किसी भी क्षण
मुझे कॉल कर सकती हो

मैंने सेल फ़ोन हाथ में पकड़कर
सीने पर रखा हुआ है
परन्तु फिर भी
थोड़ी–थोड़ी देर बाद
देख लेता हूँ
कहीं तुम्हारी मिस्ड कॉल तो नहीं है
यह भी देखता हूँ कि कहीं ग़लती से
मैंने उसे 'साइलेंस' पर तो नहीं किया हुआ है।

मैं तुमको कॉल नहीं करूँगा
वह तो तुम्हें करना होगा
यदि मैं ही पहले कॉल करूँ
तो अर्थ ही क्या है तुम्हारी प्रतीक्षा का?

कॉल करो मुझको
अपना मुख दिखलाओ मुझको
आओ!

मैं खड़ा हूँ
उस बूढ़ी दादी की तरह
जो इन्तज़ार करती है पोते का
वह उसके लिए कढ़ी भात लाने गया है
और आता ही होगा।

(7 जून 2015)

सुरक्षा

गली के पीछा करते हुए कुत्तों से
स्वयं को बचाती,
दौड़ती हुई कुतिया
एक घर के
भारी भरकम गेट के सामने
आ बैठती है
पर घर के कुत्ते
भौंक रहे हैं भीतर से।

(7 जून 2015)

तुम्हारा आना

तुम आये
एक गहरा असर डाल गये
बाहर जाते, जाते
सामने लगे हरित मिर्ची के पौधे की ओर
तुमने अपना बायाँ हाथ बढ़ाया
और एक मिर्च तोड़ ली
तुम्हारा आना
एक स्मृति बन गया है।

(8 जून 2015)

वे मेहनत करते हैं

मेरा शहर भरा पड़ा है
युवा लोगों से
पर यह चैन की बात है कि
वे हमारे बच्चों की तरह
बिल्कुल भी नहीं लगते।

वे सुन्दर, साफ़–सुथरे क़ीमती
कपड़े पहनते हैं
ऑनलाइन ख़रीदा हुआ बैकपैक
जो उनकी पीठ की चौड़ाई के बराबर है
पीछे लटकाते हैं।

वे केवल सुन्दर मोजे
और आकर्षक जूते ही पहनते हैं।

उन्होंने सीखा है
भोजन को हाथ से छुए बिना
सुरुचिपूर्ण ढंग और भद्रता से
चम्मच से खाना।

वे बन गये हैं
समय के पाबन्द

परिश्रमी
कर्त्तव्यनिष्ठ
कर्मचारी।

रात को दिन और दिन को रात
बना कर
वे मेहनत करते हैं
लगाते हैं छलाँग रात से दिन में
फिर दिन से रात में
और यह भी भूल जाते हैं
कि वह दिन है या रात।

समृद्ध हो यह संसार!

(8 जून 2015)

एक सुसभ्य पुरुष

उसको चाय की तलब है
वह एक सुसभ्य पुरुष है।

उसको चाय की तलब है
कुर्सी को बड़ी ज़ोर से
पीछे की ओर धकेल कर
वह उठ खड़ा होता है
बाथरूम के दरवाज़े को धड़ाम से खोलता है
और धम्म से बन्द कर देता है।

उसको चाय की तलब है
वह जोर से पाँव पटकता
सारे घर का चक्कर लगाता है
टेलीविज़न को ऑन कर
उसकी आवाज़ को
ज़रूरत से ज़्यादा ऊँची कर देता है।

उसको चाय की तलब है
वह रसोई में जाता है
बर्तनों को उलट–पुलट कर

गिरते हुए बर्तनों के शोर के बीच
थोड़ा–सा पानी पीता है।

उसको चाय की तलब है
परन्तु
वह एक सुसभ्य पुरुष है
लो अब उसकी पत्नी जाग गयी है
वह उनींदी आँखें लिए कमरे से बाहर आ रही है।

(16 जून 2015)

मैंने अपने लिए एक रबर बनायी है

मैंने अपने शरीर की नमी को लेकर
एक रबर बनायी है।

उसे हाथ में जकड़कर
सारी पाण्डुलिपियों को
रगड़–रगड़कर मिटाना शुरू किया है
छोटी–सी रबर सिकुड़ती जाती है
ढेर पर गिर जाती है
अनगिनत रात–दिन लगाये तब जाकर
साफ़ किये हुए पन्ने
ऐसे दमकते हैं
जैसे बिजली चमकती है नभ पर।

अब मैं रबर को
लम्बा खींचता हूँ
और दीवार पर कूची की तरह घुमाता हूँ
हर चीज़ यहाँ तक कम्प्यूटर का स्क्रीन भी
अपने रंग में वापस आ जाता है।

रबर से ख़ून की बूँदें टपकने लगती हैं
पर मुझे तो मिटाते ही जाना है

चाहे रक्त से
हर चीज़ पर दाग ही क्यों न पड़ जायें
न जाने कितने दिन, सप्ताह
माह और वर्ष

समय की दीवार पर
मैंने रगड़ा है इस रबर को।

(3 मई 2015)

मेरी क़लम

मैंने अपनी क़लम को दिया है आदेश
आइन्दा उसकी नोक से स्याही तभी टपकेगी
जब हस्ताक्षर करने होंगे,
लिखना होगा हिसाब
या फिर दैनिकी।

अब
हर बार
मेरे हस्ताक्षर भिन्न–भिन्न तरह के होते हैं
कभी टेढ़ी–मेढ़ी वक्र रेखाएँ
या फिर जैसे तूलिका के आघात
नकारते हैं वह
चौकोर बॉक्स में बने रहने से।

आज जब देखता हूँ
कल के लाये सामान का हिसाब
पाता हूँ साग सब्ज़ी जीवित हो गये हैं
और एक कीड़ा रेंग रहा है चावलों में।

दो दिन पूर्व लिखे डायरी के लेख में
एक पाँव वाली गाय न जाने कहाँ से आ गयी है
और कपड़े सुखाने की डोरी पर

आकर बैठ गयी है
कल के लेख में शामिल हो गया है
किसी नाई का रोना–धोना।

क्या मेरी क़लम
मेरे आदेश का उल्लंघन करने लगी है?
क्या करूँ अब इसका?
मैं बहुत खीजा हुआ हूँ
कहीं इसकी नोक को तोड़ कर
इसे दूर ही न फेंक दूँ।

(3 मई 2015)

मात्र नैतिकता ही महत्त्वपूर्ण है

मात्र नैतिकता ही महत्त्वपूर्ण है
मैं ऐसा कहता हूँ।

क्यों और किस लिए
मुझसे न पूछो
नैतिकता की बात करते समय
मुझे बीच में न टोको।

नैतिकता के बारे में बात करने के लिए
मुझे आवश्यकता नहीं है किसी योग्यता की
और न ही किसी विशेष निपुणता की।

अनैतिकता तो चारों ओर फैली है
मैं नैतिकता के बारे में हर जगह बोलूँगा
अनैतिकता तो हर किसी के भीतर वास किये है
मैं नैतिकता के बारे में हर किसी से बात करूँगा।

नैतिकता के बारे में मैं एकदम स्पष्ट हूँ
मैं यह भी जानता हूँ कहाँ उसका आवास है
तुम जितना कहो मैं नैतिकता के बारे में
बोल सकता हूँ।

एक भेद की बात तुम्हें बताता हूँ
जब मैं नैतिकता के बारे में बात करता हूँ
मेरे अन्दर
चूचुक और योनि उग आते हैं
मेरे शिश्न का अग्र भाग भी
बाहर दिखाई पड़ता है।

(17 जून 2015)

मात्र घास

मैं नहीं जानता
ना जाने मुझे क्या हुआ
कल चाँदनी रात में
टहलने का आनन्द लेते हुए
ठोकर खाकर
मैं घास के फलक पर गिर पड़ा।

'ओ घास का तुच्छ छोटा–सा फलक!'
मैं ग़ुस्से से चीख़ा
'हाँ हम तो तुच्छ हैं'
घास के फलक एक साथ चिल्लाये
इससे पूर्व मुझे नहीं पता था
कि घास बोल भी सकती है
और उनकी आवाज़ पीछा कर सकती है।

अपनी मूर्खता पर मैंने स्वयं को फटकारा
और दौड़ कर घर में घुस गया
दरवाज़े की चटकनी लगाकर
दीवारों के बीच टिक गया।

पर रात गये
घासों ने मीटिंग बुलायी

बोलती रहीं जब तक उनकी आवाज़ें न बैठ गयीं
उन्होंने फ़ैसला किया
ख़ुद को जड़ से उखाड़ कर
विरोध में मार्च करने का।
शब्द जो उन्होंने सीखे थे
उनकी नोक के सिरे पर
ज़हर की तरह आकर फैल गये।

सुबह जब मैंने दरवाज़ा खोला
सभी जगह घास ही घास थी
उनके छोर मेरे नथुनों में घुस गये
उनके फलकों ने
कानों में जाकर छल्ले बना लिए
उनकी धार ने मुझे सब जगह खरोंच डाला।

मैं घास से आवृत ढँका पड़ा था
मैंने तो घास पर कभी थूका भी न था
मैंने तो उन्हें कभी निराया भी न था
पर अब मैं घास की चादर ओढ़े पड़ा था।

घासें उठ खड़ी हुई, ऊँची और निडर
जैसेकि वृक्ष
कोई विकल्प न होने के कारण
मैं कोमल स्वर में बोला
'तुम मात्र घास के फलक नहीं हो
तुम तो सुन्दर वृक्ष हो'

नास्तिक

बड़े उत्साह के साथ और चाव में आकर
उसने अधम से अधम अपमान
मेरी ओर उछाला
'तुम तो नास्तिक हो'
मैं बोला–
'हाँ
वह तो
ईश्वर भी
जानता है'

(17 जून 2015)

पुराने हिसाब

ड्रॉइंग रूम से बाहर आकर
मैं जिधर भी पाँव रखता हूँ
देखता हूँ
हाथ में बहीखाते लिए
लोग मेरी प्रतीक्षा में खड़े हैं।

मुझे नहीं पता था
मेरे नाम के
बेचुकाये हुए इतने हिसाब बाक़ी हैं
और न ही मुझे उम्मीद थी
हाथ में खाता उठाये हुए
इतने सारे लोगों की।

कुछ खातों में
केवल एक ही शब्द दर्ज था
जो मैं कभी कहीं कह बैठा था
और बाद में भूल–भाल गया था
परन्तु अब वह सूद–दर–सूद
ना जाने कितने पन्नों में फैला पड़ा था।

कुछ खातों में तो
मेरी कन्नी उँगली का

बिना किसी आशय के कपकँपाना भी
रजिस्टर हो गया था
उससे उभरे हुए पन्ने
हवा की तरह चारों ओर फैले हुए थे।
कुछ लोगों ने अपने खातों में
मेरे क़हक़हे नोट कर रखे थे
कुछ लोगों के खातों में
मेरा आना–जाना भर्ती था
कुछ लोगों के खातों में
मेरी क़मीज़ शामिल थी
कुछ लोगों के खातों में
मेरी आवाज़ दर्ज थी।

मेरे केशों का भी
विशेषरूप से हिसाब रखा गया था
हर एक खाता
अच्छी–ख़ासी जिल्द बँधीं किताब था
जिसके पन्ने
तुम कभी पूरी तरह नहीं पलट पाओगे।

नीचे जाते हुए ढलानों पर
इन पुरानी बसूलियों का बोझ
मेरी पीठ को कुचलता है
ऊपर चढ़ते हुए उन हाथों ने
जिन्होंने मेरे पाँवों को उल्टा थाम रखा था
इस क़र्ज़ के बोझे को
चुपचाप मुझ पर लाद दिया था
अब मुझे इसे झेलना ही पड़ेगा।

यदि वसूली का भुगतान न हुआ
चाकू और छुरे बाहर निकल आयेंगे
घाव, चीड़–फाड़ और खरोंचें
आम तौर तरीक़े हो जायेंगे
मुझे उन्हें भुगतना ही पड़ेगा।

मेरा क़र्ज़ा कितने पीछे
दूर तलक जाता है
मुझे यह दिखाने के लिए
हे प्रभु, मैं तेरा कृतज्ञ हूँ।

(9 मई 2015)

आज से तुम

तुम्हारे हाथ जितना ले सकते हैं
तुम उससे कहीं अधिक हाथों में भर लेते हो
वह सभी तरफ़ से छलकता है
और ज़मीन पर आ गिरता है।

कितनी देर तक तुम इसे थाम कर रख सकोगे?
क्या वह उँगलियों के बीच से फिसल नहीं जायेगा?
क्या झुलसता सूरज इसे सुड़क नहीं जायेगा?
जब तुम्हारी कोहनियाँ थक जायेंगी
तुम अपने हाथों को झटका दे बैठोगे
और समय इसमें फफूँद पैदा कर देगा।

तुम अपनी बाँहें
प्रतीक्षारत मुखों की ओर क्यों बढ़ा नहीं देते?
तुम इन कौओं के बच्चों को
ज़मीन पर गिरा एक टुकड़ा दे क्यों नहीं देते?

अनजान बनने का स्वाँग न भरो
अपने पाँवों को टकटकी लगाकर तो देखो
मैं अपने शब्दों को भेज दूँगा
वे चींटियाँ बनकर

तुम्हारे कानों में घुस जायेंगे।
यह है उसका पहला सबूत :
आज से तुम
जो कुछ भी खाओगे
उसे पचा नहीं पाओगे।

(19 जून 2015)

अन्तिम सिर

ताज़ा कटे हुए सिर
मेरे पैरों में लुढ़कते हैं
ताज़ा इन्सानी सिर
उष्ण रक्त उनसे रिसता है।

हर बार जब कोई सिर
नारियल की तरह
कटकर आ गिरता है
मेरा चेहरा गर्व से फूल जाता है
मैं और बड़ा हो गया हूँ ऐसा लगता है।

एक पाँव ज़मीन पर पड़े सिर पर रख
दूसरा ऊँचे अम्बार पर रखे हुए सिर पर
मैं खड़ा हो जाता हूँ
ऊपर देखता हूँ
सूर्य की ज्योति मेरे सिर के पीछे
तेजोमण्डल बना रही है।

मेरे आदेशानुसार
कटे हुए सिर
टुकड़े–टुकड़े होते नारियल की भाँति
मेरी ओर लुढ़काये जा रहे हैं।

मैं उलटा होकर
सिरों से बनायी गयी सीढ़ियों पर
एक–एक करके चढ़ता हूँ।
मेरे पाँवों के नीचे हैं
सिर
नये सिर
ताज़ा मानवीय सिर।

चिन्ता न करो
अन्तिम मानवीय सिर काट डालने को
मैं अपने कूल्हे पर
तलवार लटकाये हुए हूँ।

(12 मई 2015)

वह बोलता ही रहेगा

वह यह मानने से इनकार करते हैं
कि मैं मर चुका हूँ
परन्तु मृत्यु तो स्वाभाविक है
लोग बूढ़े होते हैं, मर जाते हैं
लोग बीमार पड़ते हैं, मर जाते हैं
लोग दुर्घटनाओं में मर जाते हैं
मरने का कारण कुछ भी हो सकता है
बाढ़, भूचाल
सर्दी या गर्मी
हत्या और आत्महत्या
करना भी आम बात है।

मेरी मृत्यु भी
इनमें से ही कोई एक है
उसे नरसंहार कह लो
या फिर एक कायर की आत्महत्या
उसे एक नाटक कह लो
एक झूठ, एक छल
या फिर एक ढोंग।

जब तुम उसको कोई नाम दे चुको
तो जाओ, लग जाओ अपने कारोबार में

मैं अपने मरण पल के
अन्धकार को छाँट दूँगा
उसे एक सितारे में बदल कर
आसमान में टाँक दूँगा
और वह हमेशा, हमेशा के लिए
बोलता ही रहेगा।

(19 जून 2015)

सागर की ख़ामोशी

मैं जहाँ कहीं भी जाता हूँ
लोग मुझसे अलग–अलग ढंग से
एक ही सवाल करते हैं
'क्या सागर ख़ामोश हो गया है?'

वे जो जानते हैं सागर क्या है
वे जो सागर को देख चुके हैं
वे जो सागर की तस्वीरें देख चुके हैं
वे जिहोंने न तो सागर देखा है
और न ही उन्हें पता है सागर क्या है
पर उसके बारे में बस सुन चुके हैं
उन सबके पास पूछने के लिए एक ही प्रश्न है
'क्या सागर ख़ामोश हो गया है?'

मैं उनसे कहता हूँ
'हाँ, सागर ख़ामोश हो गया है?'
क्या वह? क्या सचमुच वह?
क्या वह ख़ामोश हो सकता है?
क्या सागर ख़ामोश हो सकता है?

परन्तु सागर ने वास्तव में चुप्पी साध ली है
उसकी सतह पर बिखरी है ख़ामोशी
और भीतर कहीं फैला है लहरों का कोलाहल।

(19 जून 2015)

क़साई

उस दिन मैंने
क़साई की ताक़त को
नज़दीक से देखा।

बकरा लोहे के खूँटे से बँधा था
उसके मुँह के पास लम्बी रस्सी से
एक डाल लटक रही थी
बकरा अपने कामकाज में लगा था
आगे के दाँतों से डाल के पत्ते तोड़ कर
दुम हिलाते और मिमियाते हुए
खूँटे के चारों ओर चक्कर लगा रहा था।

उसकी आँखों में
थोड़ा–सा डर था या दुःख
जो शायद प्यास के कारण हो सकता था
या इसलिए कि वह एक नयी जगह पर था
या फिर गाहकों के आने जाने के कारण
वह थोड़ा घबराया हुआ था।

क़साई
बकरे से एकदम बेख़बर था।

वह गोश्त के टुकड़े काटने में लगा था
और अच्छी तरह जानता था

किस हिस्से पर कितना ज़ोर लगाने की ज़रूरत थी
तख़्ते पर फैली चरबी को
उसके चाक़ू ने समेटकर साफ़ कर दिया था।
यकायक
उसने बकरे को खोलकर
उसकी गर्दन पर अपना पाँव रख दिया
और उसे नीचे दबा कर
छुरे से उसका गला काट डाला।

सफ़ेद फूल की सुन्दरता
लालिमा लिए हुए पर्तें खोलने लगी।

उसने फ़व्वारे की तरह निकलते ताज़ा ख़ून को
बिना बर्बाद किये एक बर्तन में भर लिया
और उस शरीर की ओर
जो तड़पते हुए अब शान्त पड़ा था
कोई ध्यान नहीं दिया।

क़साई के लिए
मेरे दिल में असीम प्रेम है
मैं उसका बहुत बड़ा प्रशंसक हूँ
क़साईगीरी सबसे बड़ी कला है।

मैं अपना सारा जीवन
बकरे के गले को कटते देखते
गुज़ार सकता हूँ
या फिर
उसके गले पर पाँव रख
अपना छुरा चलाते।

(13 मई 2015)

साँसों के लिए व्यायाम

सदैव की भाँति
सड़क की बायीं ओर
मैं चला जा रहा हूँ
और उन क्षणों के बारे में
सोच रहा हूँ
मरणोपरान्त जिनको
मैंने अन्यथा ही गँवा दिया,
दुःखभरी यादों के बारे में
जो मुझे रौंदती रही हैं,
पूर्वजों के जीवन के बारे में
जो मेरे लिए एक अजूबा रहा है
मैं ऐसे चल रहा हूँ
जैसे कोई बकरी छाया का
मज़ा लेते हुए चलती है।

वर्तमान और भविष्य
इस तरह आते हैं और चले जाते हैं
जैसेकि हवा
एक पालने को हलके से डुला दे।

सदैव की भाँति मैं
कुछ उसाँसें लेता हूँ

इस बीच पुलिस न जाने कहाँ से आकर
मुझे घेर लेती है।

शायद किसी ने शिकायत की है
कि मेरी साँसें
फायर इंजन के सायरन की तरह
शोर मचाती हैं।

क्या मेरी आह
जिसे मैं स्वयं भी सुन नहीं सका था
ऐसे बिलख सकती है?
सचमुच, क्या सचमुच? मैं पूछता हूँ
वे मुझे चेतावनी देते हैं, धमकाते हैं
गिरफ़्तार कर सकते हैं, जेल भेज सकते हैं
यह सब कहते हैं
मैं अफ़सोस प्रकट करता हूँ
क्षमा के लिए मनुहार भी करता हूँ।

वे मुझे जाने तो देते हैं
परन्तु मुझ पर निगरानी रखते हैं
मैं लम्बी साँस रोक कर
कमरे में आता हूँ
सभी खिड़की दरवाज़े बन्द कर
थोड़ी–सी साँस लेने की जोखिम उठाता हूँ
ठण्डी साँसें लेने की कोशिश करता हूँ
उसकी ध्वनि ऐसे निकलती है
जैसे कोई सूई फ़र्श पर गिर पड़ी हो
पर शायद यह शोर भी बहुत प्रबल है।

मेरी साँस लेने की आवाज़
यदि कहीं बाहर आ फैल जाये
तो वह शायद
किसी के कानों को चोट पहुँचा सकती है
और कानों से होकर दिल में पहुँचकर
उसे आहत कर सकती है।

चाहे वह अतीत हो
वर्तमान हो
या हो भविष्य
अब मैं किसी बात पर दीर्घ श्वास न छोड़ूँगा
सही तो यह होगा यदि मैं
अपनी हलकी–सी साँस को भी रोक सकूँ
मुझे किसी को भी आहत नहीं करना चाहिए।

अब मैंने धीमे–धीमे
साँस लेना सीख लिया है
इतने धीमे
कि मेरे नथुनों के बाल भी नहीं हिलते
यही कोशिश करता हूँ कि
मैं साँस लूँ
धीमे
बहुत धीमे।

मैंने साँस लेना सीख लिया है
आहिस्ता
बहुत आहिस्ता

पुष्प की पंखुड़ी को भी
आकुल किये बिना
मैंने साँस लेना सीख लिया है।

हाँ, यह निस्सन्देह ही कठिन है
परन्तु
साँसों के लिए व्यायाम ज़रूरी है
साँसों के लिए व्यायाम करना
हितकर भी होता है।

(20 जून 2015)

गुर्राहट

जैसे आँखों में आ चुभते हैं सूखे पात
अर्द्धरात्रि के उस घोर अन्धकार को चीरता हुआ
एक पागल कुत्ता कहीं से आ पहुँचता है।

कोई नहीं जानता
कहाँ से आया है
किसने भेजा है।

जिस किसी ने भी
उसके भौंकने की आवाज़ को पहचाना है
इसे शत्रु का षड्यन्त्र ही माना है
कुछ ने कहा
वह एक दुष्ट, प्रतिशोधी का
पालतू कुत्ता है।

कुछ ने यहाँ तक कह डाला
पुरानी दवाइयों को बेचने की
यह फार्मसिस्ट की चाल है
कुछ लोगों ने यह भी कहा
प्रजा को
शासन के स्वर में ढालने का
यह राजा का सन्देशा है।

निश्चित रूप से
कोई भी नहीं कह सकता था
वह कहाँ से आया था
उसे किसने भेजा था।

वह पागल कुत्ता
ज़मीन को छूती
राल टपकाती जीभ लिए
बस अन्दर आ पहुँचा था।

गली के कुत्ते उस पर भौंके
परन्तु कोई असर न पड़ा
वह अचानक मुड़ा
और एक कुत्ते को काट कर
तेज़ी से दौड़ पड़ा
गली के कुत्ते उस पर झपटे
परन्तु इस लड़ाई के बीच
वह पागल कुत्ता
कहीं जा छिपा
जहाँ उसको ढूँढ़ पाना असम्भव था।

कुछ दिन की शान्ति के बाद
कुत्ते जिन्होंने उस पर मुँह मारा था
या जिनको उसने काटा था
अपनी राल टपकाती जीभें बाहर लटकाये
यहाँ वहाँ घूमने लगे
उनका भौंकना बन गयी गर्जना
वे कूड़े के ढेर पर मँडराते चूज़ों पर
मुँह मारने लगे

हरी घास पर चरती भेड़ों को काटने लगे
गायें जिनका जीवन
उनकी रस्सियों की लम्बाई पर निर्भर था
उन्हें काटने लगे
पालतू कुत्ते जब मल त्यागने बाहर निकलते
उन्हें काट खाने लगे
उनकी गुर्राहट
सभी ओर गूँजने लगी।

लोग भयभीत होने लगे
जो भी स्थिति को आँकने
बाहर निकलता
रक्तरंजित घाव लिए
भीतर की ओर दौड़ता।

फिर कुछ और दिनों की शान्ति के बाद
एक व्यक्ति ने काट खाया किसी को
और उसने किसी दूसरे को
एक और ने काट खाया एक और को
बाद वाले ने काट खाया अपने बाद वाले को
उसके बाद वाले ने काट खाया अपने बाद वाले को
और अब दृश्य जो सामने उभर कर आया–वह था।

बस लार टपकाती जीभें थीं
गुर्राहट थी
पागल कुत्तों के झुण्ड थे।

(21 जून 2015)

बस चुपचाप चले आओ

विरोध
क्रान्ति
विद्रोह
यह शब्द
आज अर्थहीन हैं।

अब शेष जो बचा है
वह है
नुचे मांस लिए, लुटे हुए
चूजों की भाँति
कौओं की पकड़ में मरना।

श्रीमान जी
मैं आपसे सिर्फ़ इतना ही माँगता हूँ
बस मुझे एक दर्शक की तरह
जी लेने दीजिए
मात्र एक दर्शक की तरह।

पर यह भी सम्भव कहाँ है?
कि पियक्कड़ों की धूमधाम के बीच
हम ओढ़ सकें
ना पीने वालों की द्रवण मुस्कान को?

बाक़ी सब छोड़ो
तुम्हारी उँगलियों के पोरों में छिपा
मैल तक वह पकड़ लेंगे
उँगलियाँ काटने को
सभी ख़ंजर संगठित हो जायेंगे
यदि प्रतिरोध करोगे तो ग़ायब कर दिये जाओगे
वंचना, कपट
हत्या, स्वार्थ
डकैती, ईर्ष्या
यह सब
इस खेल के ही अंग हैं।

अब इसके बाद तुम्हारे लिए
केवल एक ही मार्ग बचा है–

बस चुपचाप चले आओ
इस सब में भाग लो
और समृद्ध हो जाओ।

(14 मई 2015)

मैं कुछ भी न सीख सका

उस सहकर्मी से जो ऑफ़िस में
मेरे साथ उठता–बैठता था
मैं कुछ भी न सीख सका।

वह मुझे सब कुछ सिखाने को तैयार था
उसने ना जाने कितनी बार
अपना अनुकरण करने के लिए संकेत किया
परन्तु मैंने उसके आमन्त्रण को
बिना सोचे समझे अस्वीकार दिया।

वह ऑफ़िस में मुझसे सीनियर था
'कोई काम करने की ज़रुरत नहीं है
यदि आवश्यकता पड़े तो
हम काम करने का ढोंग रच सकते हैं
हमें हर व्यक्ति के साथ सौहार्दपूर्ण होना चाहिए
किसी के भी तलवे चाटने को तैयार रहना चाहिए'
यह उसके सिद्धान्त थे जो वह मुझे देना चाहता था।

जो कुछ भी नहीं करते हैं
वह समस्याओं से दो चार नहीं होते हैं
जो कोई भी महत्त्वाकांक्षा नहीं रखते हैं
ऐसे ही लोग जीवन में सुखी रहते हैं।

जब यह बात उजागर हुई कि उसने
किसी महिला के साथ अभद्र व्यवहार किया था
उसके बचाव के लिए
यूनियन का प्रशासन टूट पड़ा था
यद्यपि उसने कभी भी भाग नहीं लिया था
विरोध, हड़ताल
नारेबाज़ी या भूख हड़ताल में
पर हाँ, एक 'मूक सदस्य' होने के नाते
वह कर्मठतापूर्वक
अपना सदस्यता शुल्क बराबर भरता रहा था।

काम के बाद वह सीधे घर जाता
और चहारदीवारी के अन्दर
पालतू कुत्ते की तरह घूमता
वहाँ एक छोटा–सा बगीचा था
जिसे बाहर से कोई नहीं देख सकता था
वहाँ पर क्या उगा था कोई नहीं जानता था
जब भी वह वहाँ पर मटरगश्ती करता
तो सिर्फ़ उसका सिर देखा जा सकता था।

उसके पास
घर, कार, धन
बच्चे, शिक्षा
क्या कुछ नहीं था
और इसके अलावा
राशन कार्ड, पैन कार्ड
वोटर आईडी कार्ड
ड्राइविंग लाइसेंस
एटीएम कार्ड

(यहाँ तक मुझे पता है, तीन बैंकों से)
मैडीक्लेम कार्ड
आईडी कार्ड
(जिसकी वह यदाकदा तस्वीर बदलता रहता था)
यह सब उसे यूँही तो नहीं चाहिए थे।

वह अत्यन्त सतर्क रहता
सभी चीज़ों की समाप्ति की अवधि याद रखता
परन्तु फिर भी हर माह की पहली तारीख़ को
वह उनकी पड़ताल करता
अथक रूप से हर चीज़ को सामयिक बनाता
गौण बातों को भी बदलता रहता
वोटर आईडी को ही लीजिए
बीस बार संशोधित कर चुका था
वह यह भी बताता
कि पूरे देश में केवल उसका ही कार्ड है
जो एकदम सही था
हमारे नगर में आधार कार्ड लेने वाला
वह पहला व्यक्ति था
कहा करता यह तब की बात है
जब कार्ड केवल पोस्ट ऑफ़िस से जारी किये जाते थे
वह अपना बिजली का बिल समय से भरता
पर मुझे अदायगी की तारीख़ के बाद ही याद दिलाता
उसके पास
नागरिकों को भेजी गयीं सरकारी सूचनाएँ
सबसे पहले पहुँचतीं
और वह अपना टैक्स या अन्य कोई शुल्क
समय पर देने से कभी नहीं चूकता था।

बच्चों की शादियाँ, पोते और परपोते
पेंशन, हर दिन टहलने के लिए दो बार जाना
और हर माह पूरा मेडिकल चैकअप कराना
उसका जीवन एक भरपूर जीवन था।

मैं उससे कुछ भी न सीख सका
वह मेरा गुरु बनने और राह दिखाने को
सहर्ष ही तत्पर था
और मैंने
एक आदर्श नागरिक बनने का
वह अवसर गँवा दिया।

(14 मई 2015)

कविता के लिए विषय

प्रकृति पर मेरी दृष्टि
एक नये ढंग से पड़ी।

जो सब कुछ खो चुका है
कंगाल है
प्राणहीन है
प्रकृति उसके लिए अन्तिम शरण स्थान है।

एक प्रेमी की भाँति
जो उसको पूजता है
वह उसे बाँहों में भर लेती है
जो उसकी झूठी निन्दा करता है
भटके हुए बालक की माँ बनकर
गर्व से उसे दुलारती है।

मेरा अनावृत मानस
सब कुछ छोड़ छाड़कर
उतरता है
प्रकृति की सुगन्ध को श्वासों में भरने
उसके विविध रंगों का पान करने
उसके जीवन–स्रोत में स्नान करने।

मेरा मस्तिष्क अब
वर्षा की बूँदों को थामेगा
आकाश की ओर हिलोरें भरेगा
कूद कर सघन वृक्षों पर चढ़ेगा
टहनियों पर जा विराजेगा
और ढलान पर
शूकर की भाँति लोट लगायेगा
एक शाश्वत स्रोत है उसकी डगर में
एक अनवरत आनन्दोल्लास है।

हाँ,
समय
मुझसे कह रहा है
उस निर्मल प्रकृति पर कविता लिखने को
जो नहीं जानती
मानवीय गन्ध क्या है।

(13 मई 2015)

आकाश

झपक मारते ही
दौड़ में भाग लेता
एक मोटर बाइक वाला
उस राह को पार कर गया
जिसे आज तक
मैं गाड़ी या पैदल चल कर भी
पार न कर सका था।

यह वही तो है
जो पाँखें फैला कर
कूद पड़ा था पुल के शिखर से।

अब मैं कैसे उसके माँ–बाप को
जो उस पर ही आश्रित थे
ढाढस बधाऊँगा
उस प्रेमिका के लिए
मेरे पास कौन–से शब्द हैं
जो हृदय छिपाकर
दबी आवाज़ में रोती है
चेहरा दिखाने में विमुखता दिखाती है?

उन लोगों में से
जो उड़ना सीखने की आकांक्षा रखते थे
और आज मात्र दर्शक बन खड़े हैं
एक वह ही था जो सचमुच ही उड़ गया
और अब भी
सुदूर उड़ रहा है कहीं पर
आकाश केवल उनके लिए है
जो पंख रखते हैं।

(5 जुलाई 2015)

मेरा एकमात्र उत्तर

इसके बाद क्या?
इससे पहले क्या था?
अब क्या?
क्या, क्या
क्या, क्या, क्या
इन सब जिज्ञासु 'क्या' के लिए
मेरा एकमात्र उत्तर है

कुछ नहीं।

(14 मई 2015)

गौरवशील

मैं एक गौरवशील व्यक्ति हूँ
तथा मेरी पत्नी भी

मेरे पिता गौरवशील थे
और उसी तरह मेरी माँ भी

मेरे दादा गौरवशील थे
और मेरी दादी भी

मेरे पर–दादा गौरवशील थे
और मेरी पर–दादी भी

मेरे पर–दादा के पिता के पिता के पिता
वह और उनकी पत्नी गौरवशील थे

ऐसा क्यों है
मेरी सारी पीढ़ियाँ
जिनका एकमात्र ध्येय रहा है
इन्द्रिय–निग्रह करना
वह सब गौरवशील है।

(14 मई 2015)

एक सरल कार्य

कलबुर्गी के लिए

किसी की हत्या कर देना
सबसे सरल काम है।

हत व्यक्ति की आँखों से
स्वयं को छिपाना नहीं पड़ता
तुम्हारी सुगन्धि को
मृत शरीर पहचान नहीं सकता
उसकी नीली ज़बान और सूखे होंठ
तुम्हारे विरुद्ध एक शब्द नहीं कहेंगे
तुम्हारी उग्र नाद के खोखलेपन को
उसके कान किसी तरह भी सुन नहीं सकेंगे
इसका भय नहीं है
कि वह तुम्हारे विरुद्ध उँगली उठायेगा।

तर्क और वितर्क
लेखन और कला
इतिहास और द्वन्द्व
एकता और भिन्नता
शोध और साहित्य
युद्ध और शान्ति की

बेकार ही तलाश है
सबसे सरल काम है
किसी को मार डालना
क्योंकि मृत शरीर
कुछ सोच नहीं सकता।

(31 अगस्त 2015)

कसैलापन

यद्यपि मैं कसैले स्वाद का प्रेमी हूँ
केवल पके हुए
कड़वे कद्दू के अलावा
मैंने उसका अधिक अनुभव नहीं किया है।

एक दिन तड़के सवेरे
मेरा दिमाग कड़वाहट से इतना भरा हुआ था
मैंने मुट्ठीभर नीम की कोमल पत्तियाँ
तोड़ीं और खा डालीं
कड़वा मुँह, कड़वी ज़बान
कड़वी लार, कड़वी आवाज़
मैं धीरे–धीरे कड़वेपन को चबाता रहा।

गमछा पहने एक बुज़ुर्ग
मेरी राह में आ गये
और बोले
यदि मैं हर दिन
नीम की पत्तियाँ चबाऊँ
तो साँप के विष का भी
सामना कर सकता हूँ।
मैं अब प्रतिदिन

नीम का पूरा का पूरा पेड़ चबा जाता हूँ
पूरे शरीर को ही
कड़वा बना डालने से कम
अब काम नहीं चलेगा।
यह वह समय है
कि वायु तक भी विषैली है

(14 मई 2015)

पहचान

शत्रुओं के षड्यन्त्र
या सम्बन्धियों की चाल से
राजा अपना राजपाट खो बैठा
और बंजारों की तरह घूमने फिरने लगा।

उसे भोग विलास की कभी कमी न खली
वह वृक्षों से परिचय करता
आकाश को तकता
लोगों से मिलता
लाखों जीते जागते लोगों को देखता
और सानन्द अकेला खुली हवा में सो जाता।

यह देखकर उसे बहुत गर्व था
कि उसके राज्य में
भूख का नामो निशान मिट चुका था
वह रेस्ट हाउसों से पटा पड़ा था
निःशुल्क भोजन, जल सुविधा
स्वागत करते हुए घरबार
और अतिथि सत्कार
अब उसने अपने मन को
तारों जड़े आकाश में
मँडराने के लिए छोड़ दिया था।

नदियों में तैरने का वह आनन्द उठाता
खेतों में सैर करके प्रफुल्लित होता
उत्सवों की उल्लास भरी भीड़ बीच घूमता।
दाढ़ी और मूँछ रखकर
वह भिक्षु बन गया
परन्तु यह सब कर लेने के बाद भी
उसको मात्र एक वस्तु की चाह थी
या यों कहें उत्कण्ठा भरी प्रतीक्षा थी।

कोई
चाहें वह उसका शत्रु ही क्यों ना हो
उसको पहचान ले
कि वह वही शख़्स था
जो कभी राज्य किया करता था।

(5 सितम्बर 2015)

यहाँ पर

यहाँ पर
जो चीज़ें मुझे पसन्द हैं, कम हैं
और जो मुझे पसन्द नहीं, बहुत अधिक हैं।

जो पसन्द है उसे पाने का
संयोग विरल है
जो मुझे पसन्द नहीं
उससे संघर्ष हर पल है।

यह विश्व जो उन चीज़ों से भरा पड़ा है
जो मुझको पसन्द नहीं हैं
वह मेरा विश्व नहीं है
अब मैं जीवन बिता रहा हूँ
अपने लिए एक निजी संसार रचने को।

(23 सितम्बर 2015)

एक सफ़ेद कौआ

जब उसने जन्म लिया
वह एक काग शिशु था
कौआ माता–पिता से
कौए के घोंसले में
कौए के अण्डे से ही वह जन्मा था।

कौए की भाँति ही दाना चुगते हुए
कौए की भाँति ही काँव–काँव करते हुए
कौए की भाँति ही यहाँ–वहाँ उड़ते हुए
कौए की तरह ही
उसने अपना जीवन जिया था।

उसके सलेटी परों की छोर पर
एक हलकी–सी सफ़ेद धारी थी
बाक़ी कौए जिस पर नाक–भौं चढ़ाते
चूने का धब्बा समझकर
उसे प्यार से झाड़ा करते
नन्हे कौए को स्नेह से झिड़कते हुए
उन्होंने धब्बे को बहुत रगड़ा
और फिर हार कर
उसको नहाने के लिए बोला।

सफ़ेद रंग कौए के पूरे परों पर फैल गया
और धीरे–धीरे कौआ सफ़ेद हो गया
वह पूरी तरह से एक सफ़ेद कौआ बन गया
कौए कहने लगे सफ़ेद कौए को कोई रोग है
और यहाँ वहाँ जाकर यह भी कहने लगे
सफ़ेद कौए के पास कौओं वाला दिमाग़ ही नहीं था
एक बोला सफ़ेद कौए का थूक और कौओं वाला नहीं दिखता
एक बोला सफ़ेद कौए की काँव–काँव कौओं वाली नहीं लगती
एक बोला सफ़ेद कौए की गर्दन और कौओं की तरह नहीं मुड़ती
एक बोला सफ़ेद कौआ, कौआ ही नहीं लगता
कौओं के परिवार का होकर भी
उसका वर्ण तो सारस के जैसा था।

सफ़ेद कौआ कर भी क्या सकता था?
ऊँचे शिखर पर चढ़कर
सर के बल गिरकर
उसने आत्महत्या करने की भी सोची
परन्तु साहस न जुटा पाया
वह पेड़ों पर अकेला बैठा रहता
आकाश में अकेला उड़ा करता
अकेले ही खाता
अकेले ही हँसता
अकेले ही रोता
वह अकेले ही, एकदम अकेले ही जिया
सारे कौए सफ़ेद कौए को
अचम्भे से देखते
परन्तु सफ़ेद कौआ सारे विश्व को
आश्चर्य से देखा करता।

(24 सितम्बर 2015)

मैं तुम में से ही एक हूँ

मैं स्वीकार करता हूँ
मैं तनिक पुराने ढंग का व्यक्ति हूँ।

कल मैंने किसी को
ठोकर मार कर नीचे गिरा दिया
उसके दाँत टूट कर बिखर गये
चेहरे को लहूलुहान कर गये
यद्यपि मैंने ऐसा जान बूझ कर किया था
फिर भी मैं रात को सो न सका था।

एक रात पहले
मैंने किसी का गला घोंट डाला
ठीक उसी तरह जैसे क़साई
बकरे का गला पाँव तले पकड़कर काटता है
उसके गले से बस एक गहरी चीख़ निकली
उसको मारना मुझे बहुत अच्छा लगा था
परन्तु अभी भी कुछ ख़ून
मेरी उँगलियों से रिसता है।

आज
तरह–तरह के ख़याल लिए

मैं छिपकर एक औरत का पीछा कर रहा हूँ
परन्तु थोड़ा–सा सकुचा भी रहा हूँ।

अब यह बात मुझ पर
उजागर हो चुकी है
कि मैं तनिक पुराने ढंग का व्यक्ति हूँ
पर परेशान न हो
इस साधारण–सी बाधा को अगर मैं पार कर लूँ
तो मैं पूरी तरह तुम जैसा ही बन जाऊँगा।

(23 सितम्बर 2015)

पवाई

मेरी दादी का नाम पवाई था
पर उसका परिवार उसे 'पावु' कहता
मेरे दादा उसे 'एले' कहकर सम्बोधित करते
और वह उन्हें अपनी बड़ी बेटी के.... कहकर बुलाती
जो मेरी बुआ का नाम है।
वह ऊँची आवाज़ में पुकारती
'पोन्ना', 'ओ पोन्ना'!

कूल्हे पर आगे पीछे झूलती थैलियों की तरह
वह अपनी लटकती छाती लिए
खेतों में यहाँ–वहाँ घूमा करती
और सदैव ही अपनी कमर पर
छुरी और दराँती रखती।

उसकी सबसे बड़ी पोती
यानी कि मेरी छोटी बहन का नाम
उसके नाम पर ही रखा गया था।

एक बार मेरी बहन
जब वह सिर्फ़ अट्ठाईस बरस की थी
बैंक की लाइन में खड़ी थी
(उस दिन बैंक कर्मचारी बहुत व्यस्त थे)

वे पुकारने लगे
'पवाई! पवाई!'

वह जब घर लौटी
तो इतना रोयी, इतना रोयी
कि शायद उतना कोई भी नहीं रोया था
मेरी दादी के मरने पर।

फाँसी घर

मुझे चाँदनी पसन्द है
अतः मैंने फाँसी की कोठरी भी
पूर्णिमा की रात फाँसी देने को बनबायी है
आख़िरकार मरने वालों के चेहरे चुनने के लिए
कुछ प्रकाश भी तो चाहिए।

अब
मैं ही इस फाँसी घर की
देखभाल करने वाला सुपरवाइजर हूँ
मेरे शुरू के शक और शुबहा
धीरे–धीरे दूर हो चले हैं।

क्या करना होता है सुपरवाइजर को?
रात के अगले पहर मैं उन चेहरों को चुनता हूँ
जिनका रूप–रंग मुझे पसन्द नहीं है
जिनका घूरना मुझे पसन्द नहीं है
जिनका स्वभाव मुझे पसन्द नहीं है
जिनके हाव–भाव मुझे पसन्द नहीं है
जिनकी राजनीति मुझे पसन्द नहीं है
जिनकी जात–पाँत मुझे पसन्द नहीं है
जिनका धर्म मुझे पसन्द नहीं है

जिनका प्रभुत्व मुझे पसन्द नहीं है
वे जहाँ से आये हैं वह स्थान पसन्द नहीं है।

हे प्रभु!
कितना कुछ है जो मुझे पसन्द नहीं है
यह कहने के बजाय 'यह मुझे पसन्द नहीं है'
यह भी तो कहा जा सकता है
'इनके बारे में मैं जानता न था'
मैं ही चुनता हूँ
फाँसी देने का उपयुक्त तरीक़ा भी
चूँकि मेरे लिए यह एक युद्ध ही जैसा है
मैं अधिकतर चलन में आने वाली
तलवार ही इस्तेमाल करता हूँ।

क़साई का गला चीरने के लिए चाक़ू
आड़ी मूठ वाला खंजर
पीठ पर वार करने वालों के लिए
देशद्रोही के लिए छोटी–सी तलवार
एक दाँतेदार चाक़ू मुख़बिरों के लिए
छोटे–मोटे लोगों के लिए बस बन्दूक़ की गोली
विस्फोटन का इस्तेमाल करता हूँ
सभी को एक साथ मार डालने के लिए।

क्या करना होता है फाँसी घर के सुपरवाइजर को?
यानी तड़के सुबह सिरों को गिनने के बाद
शान्तिपूर्वक सोने के अलावा?

(6 सितम्बर 2015)

कितने सारे

अब तक
कितने दिन
कितनी रातें
हो चुकी हैं इस धरती पर।

हर जीवन ने ले ली हैं
उनमें से
कितनी रातें
कितने दिन।

फिर भी
इस धरती पर
बचे पड़े हैं
कितनी रातें
कितने दिन।

उनमें से
हर जीवन के लिए
शेष बचे हैं
कितनी रातें
कितने दिन।

मेरे जीवन ने भी
इसी विश्व में देखे हैं
न जाने कितनी रातें
कितने ही दिन।
फिर भी
मेरे लिए
अभी भी बाक़ी बचे पड़े हैं
कितनी रातें
कितने ही दिन।

उनमें से न जाने
कितनी रातें
कितने दिन
मैं पार कर सकूँगा
कितने हैं जिन्हें मुझे पार करना चाहिए
कितने ऐसे हैं जिन्हें कभी पार नहीं कर पाउँगा।

वे सब के सब एक ही जैसे हैं
परन्तु हाँ
एक–दूसरे से थोड़ा–सा भिन्न।

(15 मई 2015)

बादलों से गिरता झरना

वर्षा ऋतु में
सीधी ढाल से मैं नीचे उतरता हूँ
और ऊपर की ओर देखता हूँ
एक मूसलाधार झरना
जैसेकि बादल आकाश को फाड़ कर
नीचे उतर आये हों
और शिलाओं को
ओढ़नी बन ढँके हों।

मैं पानी की बूँद बन कर
उनमें विलीन हो जाता हूँ।

गर्मी की ऋतु में
काली चट्टान ऐसी लगती है
जैसे हो भीमकाय शहद का एक छत्ता
और उससे पतला सा झरना ऐसे लटका है
जैसे आकाश की इकलौती जड़ हो।

मैं आश्चर्य से मुँह खोले हुए
सूखे उलझे केश लिए
ऊपर की ओर देखता हूँ।

हर वस्तु को
देखना चाहिए कम–से–कम दो बार
कहता है बादली झरना।

(16 मई 2015)

विकल्प

हज़ारों लोगों ने मिलकर
पेड़ को गिरा दिया
उनका कहना था वह एक विषैला वृक्ष था।
पेड़ जो धरती को जकड़कर दृढ़ता से खड़ा था
उसे अपनी पकड़ को ढील देनी पड़ी
वह धीरे–से उठा, शाखाओं को हटाया
और पैरों को झटककर
देवताओं को आशीष देता हुआ
कि उन्होंने उसको उड़ना सिखाया
ऊपर की ओर उड़ गया।

(1 अक्टूबर 2015)

वह दिन

जीवन में वह दिन
वह विशेष दिन
तुम कदापि भूल नहीं पाओगे
जिस दिन तुम्हारी आँखों के सामने
तुम्हें मार डाला गया था।

(1 अक्टूबर 2015)

आज यह स्पष्ट हो गया

अनादि सम्भ्रान्ति
यदा–कदा स्पष्टता!

जैसे बादल का आवरण चीर
चन्द्रमा की फलिका हो जाये मुक्त
उसी प्रकार आज मुझ पर यह स्पष्ट हो गया :
हाथ जो साथ छोड़ गये
वे कभी मिले न थे।

(1 अक्टूबर 2015)

युद्ध

निश्चित रूप से यह युद्ध ही है
सभी हाथों में हथियार
और उनके सामने खड़े हैं
निहत्थे
एकदम चुपचाप।

(4 अक्टूबर 2015)

महान आत्माएँ

महान आत्माएँ मेरे पास आती हैं
मैं संयोगवश महान आत्माओं से मिलता हूँ
महान आत्माएँ मुझे आमन्त्रित करती हैं
महान आत्माएँ मुझसे वार्तालाप करती हैं।

उनमें से एक सदा मौन रहती है
उनमें से एक थोड़ा–सा मुस्कराती है
उनमें से एक शोकाकुल है
उनमें से एक बस अश्रु बहाती है।

कुछ शब्द मुझ तक प्रत्यक्ष पहुँचते हैं
कुछ शब्द कानों के पास आ उड़ जाते हैं
कुछ शब्द मुझे मुदित करते हैं
कुछ शब्द मेरी थाह लेते हैं।

महान आत्माएँ धीरे–धीरे प्रस्थान करती हैं
महान आत्माएँ मुझसे विदा लेती हैं
महान आत्माएँ मुझे प्रभावित करती हैं
महान आत्माएँ बिना कोई चिह्न छोड़े अलोप हो जाती हैं।

अभी कुछ दिन पूर्व ही
मैं स्वयं भी
एक महान आत्मा ही था।

(1 मई 2015)

मैं रस्सी तोड़ कर मुक्त हुआ हूँ

वह मुझसे कहते हैं 'बोल, अबे बोल'
और मैं हूँ कि भ्रमण कर रहा हूँ
एक शब्दविहीन अरुणोदय में।

'बता, बता हमें' वह कहते हैं
और मैं हूँ कि घूम फिर रहा हूँ
एक ऐसे जंगल में
जहाँ प्रश्न नहीं उठते
जहाँ उत्तर की अपेक्षा नहीं होती।

'लिख, लिख के दे' वह बोलते हैं
और मैं हूँ कि हिंडोले ले रहा हूँ
एक आद्य विश्व के छोर पर
जो अब तक लेखन से अपराजित है।

मैं वह जीव हूँ
जो रस्सी तोड़ कर मुक्त हुआ है
मैंने जो भी समय गँवाया है
उसमें मुझे घूमने दो अब दिशाहीन होकर।

(4 अक्टूबर 2015)

हर कोई बस अपने लिए

पेट और जीभ के अधीन हो
सहजन की फली तोड़ने
मैं पेड़ की शाख पर जा चढ़ा
वह कड़कड़ाई और
फूल और कोमल फलियों को साथ लिये
नीचे आ गिरी
उसका विलाप क्षणभर के लिए हुआ।

ऊँचे ब्रांड के जूते पहन
जब मैं तेज़ी से चलता हूँ
चींटियाँ और अन्य कीड़े मकोड़े
पाँव तले आकर मसल जाते हैं
ज़रा भी आवाज़ नहीं होती।

देर तलक लोरियाँ सुनाने के बाद
सोये हुए बालक को
आस–पास चलते लोगों की ऊँची आवाज़ें
हिचकोले मार उठा देती हैं
एक तीव्र चीख़ निकलती है।

हर कोई अपना–अपना लक्ष्य लिए
अपनी राह चलता है
और कुछ भी तो नहीं किया जा सकता है।

(17 मई 2015)

मुझे वर्षा ऋतु पसन्द है

मैं घर लौट आया हूँ
जैसे संगा काल का
ग्रीष्म ऋतु में गया हुआ शूरवीर
वर्षा को साथ लेकर लौट आता है।

मेरी प्रतीक्षा में देहली पर खड़ी
पत्नी के अश्रु पोंछता हूँ
माँ जिसका निधन कुछ दिन पूर्व ही हुआ था
उसके बारे में सोचता हूँ
गर्मियों और मानसून के बीच की अवधि
बच्चों के लिए एक कहानी में रूपित करता हूँ
और सम्बन्धी
बिना रोक टोक आते हैं, चले जाते हैं।

जब वारिश होती है
मैं पर्दे गिरा देता हूँ
और शीतभरी रातों का
आनन्द उठाता हूँ
पनाह माँगने आये कीड़े मकोड़ों को
ज़हर देकर मार देता हूँ
यह घटनाओं से शून्य दौर है।

चीज़ों को पोंछ कर साफ़ करता हूँ
फफूँद न लग जाये ज़ोर से रगड़ता हूँ
दीवारों पर पानी टपकने के निशान तलाशता हूँ
और उन्हें भर देता हूँ
ना जाने कितनी दरारें हैं
मैं उनको भरता ही रहता हूँ।

दिन चढ़ते हैं
दिन चुकते हैं।

वर्षा होती है
मैं यदाकदा पर्दा खिसकाकर
बाहर झाँकता हूँ
आकाश में बिजली चमकती है
मैं उसका गरजना सुनता हूँ।

लोग कहते हैं
मौसम बदलेगा
पर मैं उनसे कहता हूँ
मुझे वर्षा ऋतु पसन्द है
जब वारिश हो
तो बस घर के भीतर रहो।

(17 मई 2015)

मेरे लिए कुछ भी करना सम्भव कहाँ है?

मेरे लिए कुछ भी करना सम्भव कहाँ है?

मैं बहुत कम औसत का आदमी हूँ
जिसका जीवन
काम, परिवार, निद्रा
बचत और आइडेंटिटी कार्ड बीच
फिरकी की तरह घूमता है।

मेरे लिए कुछ करना सम्भव कहाँ है?

मैं वह नागरिक हूँ
जिसके सभी सरकारी काम
लाइन में लगे बिना ही
इस खम्भे से उस खम्भे तक दौड़े बिना ही
पूरे हो जाते हैं
पुराने सहपाठी और दोस्त
दोस्तों के दोस्त
रिश्तेदार और जान पहचान वाले
इसके लिए बहुत काम आते हैं।

मेरे लिए कुछ करना सम्भव कहाँ है?
मैं कुछ ज़्यादा नहीं माँगता
बस गर्मियों में
ऑफ़िस की कुर्सी सीलिंग फैन के नीचे हो
और घण्टे भर की मोहलत
जब कभी बारिश हो।

मेरे लिए कुछ करना सम्भव कहाँ है?

अख़बार
टेलीविज़न न्यूज़ चैनल
वाद–विवाद
बकरियों को इकट्ठा करने जैसे
राजनीतिक वार्तालाप
मैं इन सब पर
पक्ष लिए बिना
एकमत होने और मुस्कराने का
हुनर रखता हूँ।

किस पार्टी को वोट दिया
कभी किसी–को–नहीं कहा।

मेरा संघर्ष तो यह है
जो कुछ भी प्राप्त करूं
उसे किसी न किसी तरह थामे रखूं
मैं उन लोगों में से हूँ
जो बहती हुई लकड़ी के टुकड़े पर
पानी से ऊपर अपना सर उठाये

तैरा करते हैं।
मेरे लिए कुछ करना सम्भव कहाँ है?

सब कुछ जान कर भी
नादानी का नाटक करना
इसके अलावा
मैं और क्या कर सकता हूँ?

मेरे लिए कुछ करना सम्भव कहाँ है?

(18 मई 2015)

मेरी केवल एक ही प्रार्थना है

मेरा दौड़ना कब आरम्भ होगा?
रात को?
पौ फटने पर?
दोपहर को झुलसती गर्मी में?
चैन भरी साँझ में?
क्या कोई जानता है?
मैं क्यों अभी भी दौड़ रहा हूँ?
कौन है जो मेरा पीछा कर रहा है?
एक बेचैन कुत्ता?
एक जागा हुआ भूत?
क्या यह सब मात्र मतिभ्रम है?
केवल मतिभ्रम?
क्या मेरे पाँव
अनाकार भ्रान्ति का साथ दे सकेंगे?

मैं कितनी दूर तलक दौड़ूँ?
क्या पूरा जीवन?
क्या विश्व का अन्त होने तक?
मुझे खदेड़े जाना क्या कभी ख़त्म होगा?
क्या कोई उत्तर है?

क्या मैं एक प्रार्थना कर सकता हूँ?
मात्र एक?
क्या मैं एक पल के लिए रुक सकता हूँ
ताकि एक साँस तो ले सकूँ?

(13 अक्टूबर 2015)

भीख

मेरे शब्द अब शुष्क हो गये हैं
यूँ तो जब भी मैं उन्हें जन्म देता हूँ
वे नवजात शिशु की गीली चिपचिपाहट लिए
संसार में अपना पहला क़दम रखते हैं।

वे दिन अब धुँधली स्मृति मात्र हैं
अब मैं शब्दों को आर्द्र बनाने के लिए
विकल होकर उन पर थूकता हूँ
उँगलियों से छूता हूँ, प्यार से पुचकारता हूँ
अपने थूक को उनकी पहचान बनाता हूँ।

जब कुछ भी सम्भव नहीं होता
मैं तुमसे तुम्हारे थूक की भीख माँगता हूँ
दोगे ना!
तुम बहुत दयालु आत्मा हो, हो ना?

(13 अक्टूबर 2015)

प्रयोजन

प्रयोजन
दयाशील प्रयोजन
संकीर्ण प्रयोजन
रहस्यमय प्रयोजन
निष्कपट प्रयोजन
प्रयोजन के बीच छिपा प्रयोजन
प्रयोजन से रिक्त प्रयोजन।

तुमने मुझे
जाल में पाँव रखने के क़ाबिल बनाकर
इस योग्य बना दिया है
कि मैं सब कुछ देख सकता हूँ।

मेरे प्रभु
मैं तुमको नमन करता हूँ।

(18 मई 2015)

मुझे मात्र इतना करना है

मैं पिछले तीन दिनों से
बारिश को होते हुए देख रहा हूँ।

बूँदाबाँदी, हलकी फुहार का
मन्द स्वर में रिरियाना
नियन्त्रित, स्थायी प्रचण्ड
मूसलाधार वर्षा
और शान्ति।

जीवन से राहत पाने वाले लोग
मुख खोले प्यासे खड़े हैं।

पानी बह कर मिल जाता है
एक बृहत् सरोवर में
लम्बी नदी में
विस्तीर्ण सागर में।

मुझे मात्र इतना करना है
वर्षा की बूँद में परिवर्तित होना है
आकाश से गिरकर
सागर तक पहुँचना है।

(18 मई 2015)

निशाना साधना

क़स्बा शहर तो बन गया
पर अभी भी यह एक क़स्बा ही है
प्रवासी प्रेत
मूल निवासी प्रेतों के साथ आ घुल मिले हैं
और इमारतों के अन्दर उलटे लटके हुए हैं।

सड़कें सँकरी हो गयी हैं
भीड़ बढ़ गयी है
और लहू की प्यासी जिह्वा बाहर लटकाये
लोग इधर–उधर दौड़ रहे हैं
शान्ति, सहानुभूति
शिष्टता, संवेदना
प्रेम
हर चीज़ बिक्री के अयोग्य हो गयी है
और गन्दे नाले में फेंकी जा चुकी है।

बिक्री के लिए
मानवीय सिरों की माँग बढ़ गयी है
उनको कैसे लुढ़काएँ
यह सिखाने के लिए स्कूल खोले गये हैं
किस सिर की क़ीमत क्या हो
तय करने के लिए एजेंट भर्ती किये गये हैं।

किसी का भी सिर
कभी भी नीचे की ओर लुढ़क सकता है
समय–समय पर
अपना सिर सही सलामत है यह जानने में
और दूसरे सिरों को निशाना बनाने में
पूरा समय गुज़रता है।

(18 मई 2015)

जंगल में मंगल-1
सी. चन्द्रन के लिए

तुम मुझे एक जंगल में ले गये
गुँजन करती मधुमक्खियों ने
सुगन्धित जल छिड़ककर
हमारा स्वागत किया।

कितने ही पेड़ ऐसा लगता था
कि मैं उन्हें जानता था
पर पहचान नहीं पाया
पौधे, लताएँ, कीड़े–मकोड़े
और छोटे–छोटे जन्तु भी।

उन सभी नामों को सोच कर जो मुझे याद थे
मैंने उनको पहचानने का प्रयास किया
मैं सही हूँ यह जताने को
कुछ नामों को आजमाया भी
पर असफल रहा।

एक के बाद एक बस निराशा
एक विशाल आम के पेड़ को देखकर
मैं बहुत हुलसाया
निसन्देह ही वह आम का ही वृक्ष था।

धरती पर पड़े एक पके हुए फल को उठाकर
तुमने मुझे चखने के लिए दिया
यह सोचकर कि वह नीलम का फल था
मैंने व्यग्रता से उसमें मुँह मारा
खट्टापन
जैसे सारे विश्व का खट्टापन
उस एक फल में ही आकर समा गया हो।

जंगल ने अभी भी
अपने मूल रूप को बनाये रखा है
वह तो हम हैं जो
बनावटी चीज़ों की सराहना करते हैं।

(20 मई 2015)

जंगल में मंगल-2
ससी के लिए

जैसे कोई हठीली लता
पेड़ की खुरदरी सतह को थाम
ऊपर चढ़े
ठीक उसी तरह हम भी
एक चट्टान से दूसरी चट्टान पर पाँव धरते
एक शिला को कसकर पकड़
दूसरी पर छलाँग लगाते
एक निरंकुश नदी के साथ–साथ
ऊपर, बहुत ऊपर चढ़ कर आ गये।

जल धारा के साथ
न जाने कितने दृश्य कितने ही दर्शनीय स्थल थे
एक दरार से द्रुत गति से निकलता
जल प्रपात अपनी उतावली में
हमको भिगो गया
हम नहाते हुए
चट्टानों पर फैले जल पर लेट गये
अर्द्ध मन से और धमकियाँ देते हुए
जल ने अपने सारे रहस्य हम पर खोल दिये

शनैः–शनैः हम जल को थाम कर
ऊपर चढ़ना भी सीख गये।

जल के बीच चलना सीखने के लिए
जल में जाकर वहाँ बसने के लिए
अभी थोड़ा–सा प्रयास और करना है।

(20 मई 2015)

जंगल में मंगल-3
सामियार शक्तिवेल के लिए

जंगल के बीच
एक विशाल चट्टान के शिखर पर
एक भुतहले पेड़ के नीचे
देव परियासामी
और कुमारी देवी कण्णिमार
अपने–अपने स्थलों पर आसन जमाये हुए हैं।

मैं तुमसे पूछता हूँ तुम भयभीत तो नहीं हो
तुम्हारा उत्तर था तुम्हारे पास भाले जो हैं
ठीक हमारे सामने
चार जंग लगे हुए भाले
धरती में गढ़े थे।

जंगल में
भूमि या सीमा को लेकर
कोई झगड़ा नहीं होता
फिर भी मैं पूछता हूँ
वहाँ किसकी कितनी ज़मीन है
तुम्हारा उत्तर था
यदि कोई दायीं ओर जाये

और दूसरा बांयीं ओर
तो वह ज़मीन बस उसी की हो गयी।

सिन्दूर, पुष्प, फल और कपूर के साथ–साथ
एक दीपक भी वहाँ पर पड़ा था
पहाड़ी पर पूजा करने आने वाले
उनको वहाँ पर छोड़ गये थे।

इन्सान किसी को भी
भिखारी बना देने में निपुण है
फिर यह किसलिए उसका अपवाद था।

त्रिशूल की नोक पर लटका हुआ
पॉलिथीन का थैला एक दानपत्र है
सिक्कों से खचाखच भरा हुआ
ऐसा लगता है
जैसे किसी कुतिया का दूध से भरा हुए स्तन हो।

'क्या कोई इसमें से पैसे निकाल नहीं ले जाता?'
यह मेरा जाना पहचाना सवाल था।

तुमने कहा
'इसमें वे केवल पैसे डालते हैं
और पैसे निकालने में डरते हैं।'

परियासामी और कण्णिमार भी
उस धनराशि को छूते तक नहीं हैं
जंगल में धन की कोई क़ीमत नहीं होती
वह कुछ और नहीं बस रेती भर है।

(21 मई 2015)

जंगल में मंगल-4
गोपी के लिए

हमने उस अद्भुत सरिता को देखा
जो दिव्य संगतराश ने
चट्टान पर खोद कर तराशी हुई थी
अकस्मात एक प्रचण्ड तीव्र प्रवाह
आ मिला उस सरिता में
और अपनी सीमाओं में बद्ध हो
तीव्र वेग से बहने लगा
फेनिल लहरों में उमड़कर
सरिता में तिरने लगा।

जल घूमकर इधर–उधर
असुर के कटोरा बने हाथों में
आ गिरता है
साथ लाया है बादलों की गठरी
और हवा का झोंका फूँकता है।

जल पर फिसलने और
तैरने की लालसा लिए
तुम अपने को रोक नहीं पाते हो
और अचानक जाकर सरिता पर लेट जाते हो
जल का फेन तुम्हें चारों ओर से घेर लेता है

तुम अलोप हो जाते हो
तब मैं देखता हूँ एक झिलमिलाहट
या तो वह शिला है
या तन तुम्हारा

फिर देखता हूँ तुमको जल के किनारे लगते
कुछ पल के लिए तुमको जल बनते।

(21 मई 2015)

जंगल में मंगल-5
युवराज के लिए

वन और झरने फैला कर बाँहें
हमारा स्वागत करते हैं
पर तुम हो कि हिचक रहे हो वस्त्र उतारने में।

इन इन्सानों ने
तुम्हारे मस्तिष्क को
न जाने ऐसी कितनी चीज़ों से ठूँस दिया है
जिन्हें छोड़ने को तुम तैयार नहीं हो
इन शूलों को एक ही झटके में उतार फेंकने को
तुम्हें तो उद्यत होना चाहिए।

तुम हथेलियों को मिलाकर
एक कटोरी बनाते हो
उसे भरते हुए बहते जल की ओर
संकेत कर कहते हो–
बस इतना भर पर्याप्त है पूरा घर चलाने को
फिर आगे जोड़ते हो–
और इससे अगर दुगना हो तो वह पर्याप्त होगा
तीन एकड़ ज़मीन की सिंचाई करने को।

परन्तु यह निर्जन वन का जीवन है
वन से ही इसका आरम्भ है
वन में ही इसका प्रवाह है
और वन में ही इसका अन्त है।

पर यह वन जीवन तुम तभी जी सकते हो
यदि सब कुछ त्याग सको
अन्यथा
तुम्हारी स्मृतियाँ तुमको बन्दी बनाकर रख लेंगी।

(21 मई 2015)

सपने में

उनसे जो मेरे सपने में
मुझे मारने के लिए आये हैं
मैं कहता हूँ
क्यों ना हम मिलकर बातें करें
और वह सहज ही सहमत हो जाते हैं।

(2 नवम्बर 2015)

समाप्ति

अब समय अधिक नहीं बचा है
सभी बातों का समाधान हो जाना चाहिए
हर किसी चीज़ का अब अन्त होना चाहिए।

या वह जल हो
या फिर अग्नि?

हमारी आशा टिकी हैं
केवल भूकम्प पर।

अब प्रकृति सब कुछ सँभाल लेगी।

(18 मई 2015)

मैं कुछ नहीं कहूँगा

कितने शब्द चाहिए
तुम्हारी विशालकाय भूख को।

मैंने तुम्हें कितने ही सुदृढ़ शब्द दिये
तुमने यह कहकर उन्हें थूक दिया
वे दाँतों को चकनाचूर कर सकते थे
और ना ही उन्हें पचाया जा सकता था।

मैंने तुम्हें शब्द दिये
जो अच्छे स्वास्थ्य की कामना से भरपूर थे
तुमने चबाकर उनको लुगदी बना दिया
और अपनी राल मिलाकर
वापस मेरे ऊपर ही थूक दिया
तू गन्धाती है, तुझसे दुर्गन्ध आती है
तुमने पवन के बारे में ढिंढोरा पीट दिया।

मैंने तुम्हें शब्द दिये मिन्नत और गिड़गिड़ाहट के
जैसे किसी दास का वे संकुचित रूप हों
तुम उन्हें एक ही डकार में निगल गये
तथा और दो, और दो की रट लगाते रहे।

तुम मुझसे मेरा सब कुछ ले बैठे हो
मैं शब्दों से रिक्त
अपना आँचल तुम्हें दिखाता हूँ
अब मुझ पर कृपा करो
मेरी जान बख्शो।

(5 नवम्बर 2015)

खोज

मैं इस नगर में एक अरसे से रहता आया हूँ
मैंने इसके बारे में बहुत कुछ जाना है
और उस सबको मैं अपनी निजी खोज कहता हूँ।

यह केवल संयोग था
मैंने खोज लिया सड़क किनारे लगा ढावा
जिसे एक परिवार चलाता था
वे बेचते थे घर में बने जैसे
इडली, चटनी, डोसा और साँभर।

वो आदमी जो ठेले पर बेचा करता है
पुराने ढंग से बना कुजहा पुट्टू
हर दिन अलग–अलग गलियों में रुकता है
बहुत प्रयत्न करने के बाद जान पाया
किस दिन, कहाँ वह किस गली में रुकेगा
उसका अपना ढंग भी निराला था।

बिजली वाला उसे जब बुलाओ तुरन्त आ जाता है
चिन्ता जताते हुए बातें करता है
कूरियर बॉय नाराज़ था
दादी बीमार थीं मैंने उसे क्यों नहीं बताया था
रद्दी अख़बार ख़रीदने वाला

जब भी गली से गुज़रता है
देखकर मुस्कराता है
चिन्तामणियम्मा जो हर छह माह बाद आती है
शौच स्थल को चमका के जाती है।
वह बूढ़ा जो मेरी दाढ़ी देखकर सदैव कहता है
'क्या घास काट दूँ'
गली की वह इकलौती दुकान
जो जड़ी बूटियाँ रखती है
गाँधी आश्रम की शाखा
जहाँ नीम का टूथपेस्ट मिलता है
अनबजहगन जो गर्दन को बिना तकलीफ़ दिये
मेरे बाल सफ़ाई से काटता है।

अब मैं यह सब कुछ छोड़कर
एक नये शहर के लिए जा रहा हूँ
जहाँ एक नये सिरे से यह सब खोजना होगा
नयी खोज
निश्चित रूप से उत्तेजनापूर्ण होगी।

(21 मई 2015)

जल्दी क्या है

ग़ुस्से में आकर तुम
गाड़ी को स्टार्ट करने
लात पर लात मारते हो
और गाड़ी है कि
स्टार्ट होने का नाम नहीं लेती है।

गाड़ी जानती है
वह किसी की सवारी तो नहीं है।

मैं बस देख रहा हूँ
तुम्हारी ज़रूरत को
तुम्हारी घबराहट को
परन्तु
मुझे कोई जल्दी नहीं है।

(5 नवम्बर 2015)

यह मौसम तो उनका है

मैं अपने मौसम जानता हूँ
लम्बे दिनों वाली ग्रीष्म ऋतु
संवेदना का भण्डार है
बादलों से भरी मानसून
प्यार का भीगा हुआ चुम्बन है
शीत ऋतु
जो घास की नोक पर आ बैठती है
आशीष भरी सिहरन है।

अब
तुषार झर रहा है
रख देगा वह सब कुछ झुलसाकर।

उसको खदेड़ो मत

मुर्गी
जनने को तत्पर
स्थल चुन कर
धैर्यपूर्वक अण्डे देती है
यदि वह
शरीर की उष्णता मिलाकर
अपने भीतर जीवन के साथ जुड़ जाये

और कुछ दिन आलोड़न के साथ प्रतीक्षा करे
तो आकार लेकर, आवरण तोड़ कर
कपास जैसे कोमल पंख लिए
नन्हे–मुन्ने चूजे बाहर आ जायेंगे।

परन्तु तुम अपने क्रूर हाथों को फैलाकर
समेट लेते हो सभी अण्डे।

अधूरी आशाएँ लिए बावली मुर्गी
कुछ कंकड़ इकट्ठा कर
यह सोचकर कि वे उसके अण्डे हैं
उन पर बैठ जाती है।

कम–से–कम अब उसे खदेड़ो तो मत
तुम्हारे लिए वह रोड़े होंगे
पर मुर्गी के लिए वे उसके अण्डे हैं।

(5 नवम्बर 2015)

मैं भी सूअरों के बारे में कुछ जानकारी रखता हूँ

कुवालैककण्णन के लिए

मैंने सूअरों को देखा भी नहीं था
पर सूअर के गोश्त के बारे में जानता था
उसकी अच्छी तरह से भूनी गयी खाल
दाँतों के बीच आ बहुत अच्छी लगती है
जैसेकि गरी का टुकड़ा।

सूअर की चर्बी को छानकर
हम घर में रख लेते थे
और उसका इस्तेमाल
गायों का इलाज करने
या मच्छर भगाने के लिए करते थे।

हम सूअर का सूखा हुआ गोबर
ख़रीदकर गाड़ी में भर लाते
और खाद की तरह उसका इस्तेमाल करते
सभी कुछ उसमें बहुत अच्छी तरह उगता
ख़ासकर
विशेषकर मिर्ची के पौधे।

सूअर स्थूलकाय होते हैं
बावलों की तरह जनते हैं

मल–मूत्र खाते हैं
कीचड़ में लोट लगाते हैं
इस कारण
जब भी किसी का अपमान करना हो
हम उसे सूअर कहकर पुकारते हैं।
परन्तु यह कुछ भी
सूअरों के प्रति प्रेम में नहीं बदलता।

परन्तु एक दिन जब मेरी बेटी ने स्कूल के रास्ते में
एक सूअर को देखा और उस पर अनुरक्त हो
हठ करने लगी उसे पकड़ लेने का
तभी से मैं भी सूअरों को चाहने लगा हूँ
उन पर ध्यान देने लगा हूँ।

सूअर के बच्चों का इधर–उधर दौड़ना
जैसे चाबी वाले गुड्डे और गुड़ियाँ
माँ के थनों से जा लगने को
उनका आपस में लड़ना–झगड़ना
मन को कितना भाता है।

सूअर जब जवान होते हैं
तब भी कितने सुन्दर लगते हैं।

(22 मई 2015)

चेहरे विहीन लोग

जो लोग मेरे स्वप्नों में आते हैं
मुझे धमकाते हैं
उनमें से किसी का भी चेहरा नहीं होता है
उन चेहरे विहीन लोगों की पहचान में
मेरा पूरा का पूरा दिन व्यर्थ हो जाता है।

वे लोग जिनसे मैं दिन में मिलता हूँ
वे सब भी चेहरे विहीन हैं
यह बात मेरी समझ से बाहर है
जो आँखें नहीं रखते वे देख कैसे सकते हैं
जिनके नाक ही नहीं है वे सूँघ कैसे पाते हैं
जिनके मुख ही नहीं है वे खाना कैसे खाते हैं
जिनके कान ही नहीं हैं वे सुन कैसे पाते हैं
जिनके चेहरे नहीं होते
वे सब काम कैसे पूरा कर लेते हैं।

मैं चेहरे विहीन लोगों से जब बातें करता हूँ
उनके चेहरे तलाशता हूँ
मैं चेहरे विहीन लोगों के साथ जब चलता हूँ
उनके चेहरे खोजता हूँ
मैं चेहरे विहीन लोगों के साथ रहता हूँ

एकटक उनके चेहरों की ओर देखता हूँ
परन्तु केवल एक पल भर के लिए।

चेहरे विहीन लोग
मेरे चेहरे से भयग्रस्त रहते हैं
चेहरे विहीन लोग
मेरे चेहरे से दूर भागते हैं
चेहरे विहीन लोग
मेरे चेहरे के बारे में न जाने
क्या–क्या अफ़वाहें फैलाते हैं
संवाददाता सूचना देते हैं
मेरा ललाट अनिष्ट की उर्वर भूमि है
मेरे नेत्र अग्निश्लाकाएँ हैं
मेरी नाक बिच्छू का डंक है
मेरा मुख बलवे का इलाका है
मेरे कान विनाश के अंकुश हैं।

मैं अपने चेहरे को दर्पण में देख सकता हूँ
वह चेहरा जिससे चेहरा विहीन लोग घृणा करते हैं।
चेहरा विहीन लोगों के बीच रहने को
मुझे चहरे की आवश्यकता ही क्यों है?
वे नाख़ूनों से मेरे चेहरे को खुरचते हैं
अब वह चेहरा खरोंचों से भरा है
वे चाक़ू से मेरे चेहरे को छलनी कर देते हैं
अब वह एक रक्तरंजित चेहरा है
वे मेरे चेहरे को आग लगा देते हैं
वह जल कर कोयला बना चेहरा है
वे मेरे चेहरे पर घूँसा मारते हैं
अब वह एक सूजा हुआ चेहरा है।

मैं यह तो जानता हूँ
चेहरा विहीन लोगों के बीच रहने को
मुझे चेहरे की आवश्यकता क्यों है?
परन्तु मैं जो नहीं जानता
वह यह है
चेहरा विहीन लोगों के बीच
उन जैसा बनने के लिए
मुझे क्या करना ज़रूरी है।

(23 मई 2015)

नये द्वार

मैं सभी दरवाज़े
बन्द कर देता हूँ
शरीर को शव की भाँति
शान्त कर लेता हूँ
और बस वर्षा को
होते हुए देखता हूँ।

एक काला ड्रोंगो
शरण लेने के लिए
झोपड़ी में
प्रवेश करता है।

उसकी काँटेदार दुम के
हिलने डुलने से
एक के बाद एक
नये द्वार खुलते जाते हैं।

(24 मई 2015)

एक नयी भाषा

पूरे जीवन में एकत्र किये
अपने शब्दों के कोश को
मैंने केवल एक ही दिन में
ख़ाली कर डाला।

इतनी सारी बातें करने में
इतना सब कुछ कहने में।

कितनी बार टूटी–फूटी चीज़ों की
मुझे मरम्मत करनी होगी?
कितनी बार रिसती दरारें
मुझे बन्द करनी होंगी?

मैं अपनी भाषा को
उठाकर
कूड़ेदान में फेंक देता हूँ।

इसके बाद अब
एक नयी भाषा है
वह है
मौन।

(25 मई 2015)

एक सन्तोषप्रद मृत्यु

मैं अपनी
मृत्यु का साक्षी हूँ।

मुझे ना तो आनन्द हुआ
और ना ही किसी कष्ट की
अनुभूति हुई।

मुझे बस ऐसा लगा
एक भीमकाय पक्षी
डैने फैलाकर जैसे उड़ गया
पक्षी की उड़ान से
उठते बबण्डर को मैंने देखा
वह लोगों को उठाकर
दूर फेंक गया।

मैंने पक्षी को
तेज़ी से ऊपर की ओर चढ़ते हुए देखा
अलोप होने से पहले
दिन के आकाश को
अन्धकार से ढँकते हुए देखा।
उसके बाद
ग्रीष्म ऋतु के
अरुणोदय की भाँति आकाश
निर्मल और दीप्तिमान हो गया।

(25 मई 2015)

प्रश्न और उत्तर

वे उसकी ओर उँगली उठाते हैं
उत्तर की माँग करते हैं
प्रश्न जो वे पूछते हैं
वास्तव में वह
पहले से तैयार किये हुए उत्तर हैं।

उसके पास जो कुछ भी है
वह केवल प्रश्न हैं
प्रश्न जो उत्तर की तरह लगते हैं
उसका उत्तर बन जाता है प्रश्न
उसका प्रश्न बन जाता है उत्तर।

प्रश्न, प्रश्न
उत्तर, उत्तर
प्रश्न, उत्तर
उत्तर, प्रश्न
उत्तर, उत्तर
प्रश्न, प्रश्न।

क्या कहीं उत्तर भी हैं?
बस प्रश्न ही प्रश्न हैं, ठीक हैं न?

(27 मई 2015)

यह केवल शब्द मात्र हैं

मेरा देश, मेरा नगर
मेरा गाँव, मेरा घर
मेरी भूमि, मेरा कुआँ
मेरा पेड़, मेरा पौधा।

मेरी माँ, मेरे पिता
मेरी प्रेयसी, मेरी पत्नी
मेरी बेटी, मेरा बेटा
मेरे लोग, मेरे सम्बन्धी।

मेरी लेखनी, मेरी पुस्तक
मेरे वस्त्र, मेरे गहने
मेरी जगह, मेरी वस्तुएँ
मेरी नौकरी, मेरा फ़र्ज़
मेरा प्रभुत्व, मेरी विजय
मेरी भाषा, मेरा लेखन
मेरी कथा, मेरा गीत
मेरा मस्तिष्क, मेरी बुद्धि।

मेरा हाथ, मेरा संकेत
मेरा दिन, मेरा सप्ताह

मेरा वर्ष, मेरा जीवन
मेरी सोच, मेरा गधा।

मेरी राय, मेरा कुत्ता
मेरा आदर्श, मेरी प्रतिष्ठा
मेरा धर्म, मेरा वर्ण
मेरी जाति, मेरा वंश।

इन सभी में से
'मेरा' निकाल दो
तो यह केवल शब्द मात्र हैं।

(28 मई 2015)

एक अकेला तिनका

मैं जान गया हूँ
मुझे अब क्या करना है।

राजनीतिज्ञ, अधिकारी
सम्बन्धी, मित्रगण
सहकर्मचारी
सड़क पर चलते लोग
सम्भ्रान्त, सामान्य जन
हर कोई
सिर्फ़ एक चीज़ से व्यथित है
जिसका निदान एकदम सरल है
बहुत सरल है, बहुत, बहुत सरल है।

जैसे इकट्ठा करते हैं तिनके
मैंने प्रसंशा का हर एक शब्द
एकत्रित करके
जैसे गट्ठे में बाँधी जाती हैं
जलाने वाली लकड़ियाँ
उसी तरह उन शब्दों को
अपने पास रख लिया है
और उस गट्ठर में से
सही समय पर

सही व्यक्ति को निशाना बनाकर
निकालता हूँ एक तिनका।

कोई फ़र्क़ नहीं पड़ता
व्यक्ति कितना महान है
कोई बात नहीं
वह कितना तेजस्वी है
एक अकेला तिनका
उनको नीचे ले आता है।

बस प्रहार सीधा होना चाहिए
कोई संकोच भी नहीं होना चाहिए
यदि मेरे बोलने में दिखाई दे
कोई कटुव्यंग्य
कोई आलोचना
कोई उपहास
उसे बर्दाश्त न करना
बिल्कुल भी बर्दाश्त न करना
बदला लेने की साजिश न करना
उसे और ज़्यादा भड़कने न देना।

बस उसी समय
अपना जूता निकालकर
मुझे मारना।

(29 मई 2015)

एक कोरा पन्ना

सपने में
परीक्षा का प्रश्नपत्र मेरे सामने है।

पूरे प्रश्नपत्र में मुझे
केवल रिक्त स्थानों को भरना है।

सच तो यह है वास्तव में
वह प्रश्न ही नहीं हैं
वे स्मरणशक्ति परखने के लिए
केवल वाक्य हैं
अनुभव को लक्ष्य बनाकर तने हुए यह बाण
स्मरणशक्ति के मुहताज हैं
उत्तरों को जिन्हें पहले से ही
किसी ने तैयार किया हुआ है
उसको छिपाने के लिए यह केवल स्याह लकीरें हैं।

मैं उत्तर की खोज में
रिक्त स्थानों को बलपूर्वक
खोलने की कोशिश करता हूँ
कुछ पंक्तियों को
ज़ोर से दबाता हूँ

जब पृष्ठ पलटता हूँ
पाता हूँ वहाँ और कुछ नहीं
केवल पंक्तियाँ ही पंक्तियाँ हैं
किसी भी शब्द की उलटी दिखाई देती
छाप तक नहीं है।

इस भय से
कहीं मुझे कोरा काग़ज़ ही
लौटाना न पड़ जाये
मैं पसीना पसीना हो जाता हूँ
और तभी जाग उठता हूँ।

(31 मई 2015)

सान्निध्य

आर्किटेक्ट जिसने
अपार्टमेंट के बाथरूम में
एग्ज़हौस्ट फैन लगाया है
एक दयालु आत्मा है।

कबूतर उन
गोल खोल में बसेरा करते हैं
अण्डे देते हैं, उनको सेते हैं
जब अण्डा फोड़कर बच्चे निकलते हैं
पालपोस कर उन्हें बड़ा करते हैं
जब एक छोड़कर चला जाता है
तो उसके स्थान पर
दूसरा वहाँ पर अड्डा जमा लेता है।

जब बाथरूम में जाओ
तो वह आतंकित हो उठता है
कभी–कभी उड़कर चला भी जाता है।

परन्तु यदि हम एक–दूसरे की
आहट के अभ्यस्त हो जायें
और आश्वासत हो जाएँ

तो कबूतर को
प्रेम भरी दृष्टि से देखने लगोगे
और कबूतर भी सम्भवतः
तुम्हें स्नेहपूर्ण दृष्टि से देखे।

यदि तुम कबूतर को
एग्ज़हौस्ट फैन के जाले के छेद में
चोंच कोंचते हुए देखो
और उसको अपनी नग्नता को देखते हुए पाओ
तो लजाओ मत
आख़िरकार एक कबूतर ही तो है
जो तुम्हारा साथ देने के लिए बचा है।

(31 मई 2015)

सृजन के चमत्कार

यह सब
सृष्टि के अचरज ही तो हैं।

मेरे शहर में एक कोई है
जिसके कान पत्तों की तरह हैं
चौड़े और बाहर की ओर फैले हुए
जैसे वह अरंडी के पेड़ की पत्तियाँ हों।

वे कान आस–पास हो रही
खुसर–फुसर को भी सुन लेते हैं
वे दूर से आती हुई गपशप को
भीतर ले लेते हैं।

जो लोग दाँतेदार चाक़ू लेकर
उन कानों को काट लाने के लिए गये थे
जब उन्होंने स्वाद चखा उस पीव की बूँदों का
जो कानों ने अन्दर इकट्‌ठा कर रखी थीं
तो पूजा के योग्य भक्ति भावना लेकर लौटे।

मेरे शहर में एक कोई है
जिसकी नाक शिमला मिर्च की तरह
फूली हुई और बहुत बड़ी है।

हवा की गन्ध में बिखरी महक के अन्तर को
वह शिकारी कुत्ते को भी मात कर सकती है
वह तुरन्त ही बता सकती है
कौन नहाया हुआ है और कौन नहीं
और वे कौन से लोग हैं जो गत रात को
किये सम्भोग की गन्ध को लिए हुए हैं।

वे लोग जो चाक़ू लेकर गये थे
उस नाक को काटने के लिए
उसकी सुगन्ध से मोहित होकर
लौटे उसकी स्तुति करते हुए।

मेरे शहर में एक कोई है
जिसकी आँखें आग की लपटों की तरह हैं
वह सदैव ही जागी हुई और प्रज्वलित रहती हैं
जैसे सर्दियों की रातों में जलती हुई आग।

वे इधर–उधर घूमा करती हैं
जिन्हें किसी ने भी न देखा हो
ऐसे दृश्य तुरन्त पकड़ लेती हैं
कौन कब, कहाँ, कितनी देर तक
किस–किस के साथ था
इसका हिसाब रखने में दक्षता रखती हैं।

वे लोग जो भाला लेकर गये थे
उन आँखों को निकाल लाने
अश्लील चित्र देख गुमसुम हो गये
और उसके जय गान गाने लगे।

मेरे शहर में एक कोई है
जिसका मांसल शरीर है
जो घोंघे की भाँति हलके स्पर्श से
अपने अन्दर सिमट सकता है।
उँगली, सूई या फिर एक तिनका
उसको स्पर्श करे उससे पहले ही
वह थरथराने लगता है
सेंसर की तरह बाल हैं उसके
स्थायी रूप से चौकन्ना रहता है।

वे लोग जो गये थे नुकीली सूई लेकर
उसको उसके खोल से बाहर निकालने
अन्ततः वह उसके कवच की मज़बूती की
जय–जयकार करते हुए लौटे।

मेरे शहर में एक कोई है
जो बहुत छोटे मुख वाला है
ऐसा मुख जो गुदा की भाँति
फैल और सिकुड़ सकता है।

यदि थोड़ा–सा ही खुले
तो धीरे–से वायु निकालता है
और अगर चौड़ा खुल जाये तो
ज़ोर की आवाज़ के साथ पादता है
वह तरह–तरह से खुल सकता है
मल विसर्जन भी कर सकता है।

वे लोग जो दुर्गन्ध सहन न कर सके
कैंची लेकर गये थे उसके होंठ काटने

मल में बिलबिलाते कीड़े देखकर
मोहित हो अपनी पीठों पर पड़े हैं।

यह सब लोग
मेरे शहर में
सृजन के चमत्कार हैं
और मेरा अचम्भा क्या है?
सम्भवतः अद्‌भुत बुद्धि रखना
जो अचम्भों को तुरन्त ही पहचान लेती है

(11 जून 2015)

सब कुछ एक साथ

एक छोटे–से तूफ़ान ने
सब कुछ उजाड़ कर रख दिया
टूटी हुई शाखाएँ लिए पेड़ खड़े हैं
पक्षी नुचे हुए पंख लेकर
संघर्ष करते, तड़पते धरती पर पड़े हैं
कुत्तों के शव की दुर्गन्ध सब तरफ़ फैली हुई है
प्रकाश जैसे एक सफ़ेद कफ़न हो
वह सब कुछ ढँके है
और मेरी दृष्टि अपनी पसन्द की
सभी चीज़ें एक साथ खोकर
नाली के कीड़े की भाँति कुलबुला रही है।

(12 जून 2015)

रूपान्तरण

जंगल में
जहाँ रास्ता बताना दुर्लभ था
एक जंगली सूअर आराम की ज़िन्दगी जी रहा था
वहाँ कौन था जो यह बताता
कब उसने नदी में जाकर स्नान किया
स्वच्छ पानी पिया
ताज़ा माटी को सूँघा
कन्द मूलों को खाया
घनी झाड़ियों की छाँव में शान्तिपूर्वक सोया
अपनी भीड़ के साथ इधर–उधर घूमा
सम्भोग किया, बच्चों को जन्म दिया
और जीवित रहने की लड़ाई को जीत लिया।

एक शिकारी ने
जंगली मोगरे की बेल पर चढ़कर
दो सूअर के बच्चों को जाल में पकड़ लिया
और अपने गाँव ले गया
उन नवजात शिशुओं पर उसकी पत्नी अनुरक्त हो गयी
उनको दूध पिलाकर उनकी माता बन गयी
जंगल से दूर, लोगों के बीच
सूअर परिवार पला और फला–फूला।

पालतू सूअर अपना सारा दिन गाँव में ही बिताता
जहाँ पूछने पर हर कोई रास्ता बता सकता था
वह नाले में नहाता, मोरी का गन्दा पानी पीता
मल–मूत्र सूँघता
इधर–उधर खोज कर राख को खाता
छप्पर के नीचे अहाते में सोता
सम्भोग कर बच्चे पैदा करता
और खाने के लिए उसे बलि का मांस भी मिलता।

जंगली सूअर कभी भी गाँव को नहीं जान पायेगा
देसी सूअर कभी भी जंगल को नहीं जान पायेगा।

(13 जून 2015)

प्रार्थना

तुमने दिया है बहुत कुछ
बहुत कुछ, बहुत कुछ
तुमने लिया भी है बहुत कुछ
बहुत कुछ, बहुत कुछ
बस अब
छोड़ दो जो बचा है
छोड़ दो थोड़ा सा
छोड़ दो मुझे, मुझे होने के लिए
छोड़ो, छोड़ो
बस मुझे जाने दो
बहुत कुछ, बहुत कुछ
यह सब है बहुत कुछ
पो धुम, पो धुम
ब हुत कुछ, ब हुत कुछ
ब हुत
ब
हुत
पो धुम, पो धुम
पो
धुम
जाओ, जाओ

पो पो
धुम धुम धुम
धुम धुम धुम

धुम
म
मम
ममम

(13 जून 2015)

पर मेरे शब्द बोलो

तुम जो कुछ भी कहना चाहते हो
उसके बारे में कहो।

आस्तिकता, नास्तिकता
जाति, धर्म
बिरादरी, भाषा
देव, पशु
किसान, मज़दूर
सरकार, पार्टी, नेता
पर्यावरण, आतंकवाद
जैविक खेती
काला धन, चुनाव
साहित्य, कला, संगीत
शोध, विज्ञान
पद, उत्तरदायित्व
और जो कुछ भी।

तुम जो कुछ भी कहना चाहते हो
उसके बारे में कहो।

पर
मेरे शब्द
बोलो।

(13 जून 2015)

दो या तीन बार

कल के स्नेह पात्र
आज कुम्हला गये हैं
मैं भी स्नेह करने से
अब ऊब सा गया हूँ
मेरी दिनचर्या के कैलेंडर में
अन्तराल
स्नेह के लिए निर्धारित समय हैं
जब वे चुकने लगते हैं
मैं आतंकित हो उठता हूँ
अतः यदा कदा मैं उनको
प्राथमिकता दे देता हूँ।

मैं प्रेम को पूर्णरूप से
अस्वीकार नहीं कर पाया हूँ
मेरे लिए उसका विकल्प है
केवल रिक्तता।

स्नेह करना
मेरी आदत बन चुकी है
जैसे हर दिन
दाँतों को ब्रश करना
किसी–किसी दिन तो मैं
दो या तीन बार ब्रश करता हूँ।

(14 जून 2015)

नन्ही चिड़ियाँ

बचपन में खेले हुए
खेलों की स्मृति पर लगी हुई जंग को
मैं रगड़ कर छुटाने की कोशिश करता हूँ
खरोंच के नीचे झलक आयी
नन्ही सी चमक को पकड़ कर
आगे बढ़ता हूँ।

एक छोटी–सी बगिया जिसमें हैं
क्रोसेन्डरा फूलों की घनी झाड़ी
एक अंगूर की बेल
एक अकेला नारियल का पेड़
गिलहरियों का किलकारना
कौओं का समय पर आना
वह मेंढक का
छोटे से कुएँ से पुकारना
और इस सबके बीच
छोटे–छोटे पदचिह्न
कोमल छोटे से पाँव
कोमल छोटे से हाथ
कोमल छोटे मुख
कोमल छोटे शरीर
हलकी–सी खिलखिलाहट

और सभी जगह
छोटी–सी धीमी–सी ज्वाला।

उनमें से एक लौ को चुनकर
मैंने उसे हृदय में बसा लिया है
और आज मैं तुमसे मिलने के लिए
आ रहा हूँ।

(14 जून 2015)

कैलेंडर

जब मैं पंखा चालू करता हूँ
कैलेंडर के पन्ने फड़फड़ाने लगते हैं।

वह जूझने लगता है
माह गड्डमड्ड हो जाते हैं
दिन चकरा जाते हैं
परन्तु
उसके होने भर की ध्वनि
मेरा पसीना पोंछती है
मुझे पखारती है
दिलासा देती है।

जब वह सरसराता है
मुझे परेशान करता है
मैं उसके सामने बैठ जाता हूँ
और उस दिन को खोलता हूँ
जो उसने मेरे आगे रख दिया है।

धीरे–धीरे वह शान्त हो जाता है
सीने पर बाँहें बाँध कर
और होंठों पर उँगली रख कर

स्कूल के बच्चे की तरह बैठ जाता है
कैलेंडर मुझे देखता है, सुनता है
और ध्यान समाधि की मुद्रा में
बैठने पर समझौता कर लेता है।

(15 जून 2015)

बड़ा बालक

बच्चे को खिलौनों से परे
बहुत कुछ चाहिए खेलने के लिए
उसको चाहिए एक और बालक
शहरी मकान में
पहला बच्चा होने के कारण
या फिर अकेला बच्चा होने के कारण
पिता या माँ
दादा, दादी, आया, नौकर, मेहमान
इनमें से कोई भी
दूसरा बालक बन जाता है।

और दोनों बच्चे मिलकर खेलते हैं
गेंद लुढ़काते हैं
कारें चलाते हैं
खिलौनों को बिखराकर
फिर उन्हें सँजोते हैं
ग़ुस्से में उन्हें फेंकते हैं
और इधर–उधर दौड़ते हैं।

कुछ समय बाद
छोटा बच्चा
फ़र्श पर ही सो जाता है
परन्तु बड़ा बालक
सुखपूर्वक
अकेला ही खेलता रहता है।

(15 जून 2015)

तुम्हारा कमरा

मैंने तुम्हारा कमरा नहीं देखा है
तुमने जो कुछ भी बताया है
उससे मैं बस कुछ अनुमान लगा सकता हूँ।

न तो वह इस धरती पर है
और न ही आकाश में
बस कहीं बीच में लटका हुआ है।

ना तो उसमें दरवाज़े हैं
और ना ही खिड़कियाँ
बस केवल दीवारें हैं।

जो चीज़ें उसके भीतर हैं
उनके बारे में
मैं कोई पूर्वधारणा नहीं बनाऊँगा
वे वह वस्तुएँ हो सकती हैं
जिनको मैं नहीं जानता।

मैं ही नहीं
किसी मित्र या सम्बन्धी ने भी
तुम्हारे कमरे में
कभी प्रवेश नहीं किया है

तुमने कभी किसी को
आमन्त्रित ही नहीं किया है
यदि कभी कोई
तुम्हारे यहाँ आना चाहता है
तुम विचलित हो जाते हो
तुम्हें लोगों के सुझाव पसन्द नहीं आते हैं
कमरे को फिर से सजाना तुम्हें अच्छा नहीं लगता है।

तुम अपने कमरे में ऐसे चला करते हो
जैसे हवा का हलका–सा झोंका।

क्या सच में
तुम्हारा अपना
कोई कमरा भी है?

(16 जून 2015)

वे इस तरह अन्दर आ सके

जब हम अपार्टमेंट बिल्डिंग में
रहने के लिए आये
चींटियाँ भी हमारे साथ चली आयीं
फिर कुछ दिन बाद आ गये
गुबरैले और झींगुर भी।

कुछ लोग मछलियाँ पालते हैं
और कुछ कुत्ते
नीचे रहने वालों के यहाँ से
बिल्लियों की चीख़ पुकार आती है
परन्तु वह बिल्लियाँ सीढ़ियाँ नहीं चढ़तीं।

कबूतर और कौए भी यहाँ
बड़े आराम से रहते हैं
जब भी बाहर देखो
वे इस या उस खिड़की की कगार पर बैठे होते हैं।

कल रात बारिश के बाद
दो छोटे–छोटे मेंढक
घर के अन्दर कूद फाँद करते रहे
और हम अटकलें लगाते रहे

वे भीतर किस तरह आ गये थे।
अन्त में हम इस निश्चय पर ही पहुँचे
कि उन्होंने बादलों से ही छलाँग लगाई होगी
और बारिश की बूँदों के साथ अन्दर घुस आये थे।

(16 जून 2015)

राजमुकुट

आज मेरा राजतिलक हुआ है
मुकुट बयार से बुना हुआ
और वन पुष्पों की
शाश्वत सुगन्ध लिए हुए है
अब वह दिन दूर नहीं
जब मुझे मेरा
खोया हुआ साम्राज्य
वापस मिल जायेगा।

(8 नवम्बर 2015)

वियोग के तट पर

वियोग के ऐसे तट पर
जिसे किसी सेतु से पाटना असम्भव है
मैं खड़ा हूँ
पत्नी को
उपहार स्वरूप
बस एक चुम्बन
भेजता हूँ
मैं विश्वस्त हूँ
इसके अलावा किसी और वस्तु की
उसको अपेक्षा भी नहीं है
वैसे भी यही तो वह सब कुछ है
जो मैं उसे प्रेषित कर सकता हूँ।

(10 नवम्बर 2015)

प्यालियाँ

मैं पचास वर्ष पूरे कर रहा हूँ
मेरे सामने पड़ी हैं
कई विविध रंग वाली प्यालियाँ
जिनसे मैंने पान किया है।

मैं जानता हूँ
मैं किसी भी सहायता से परे हूँ
फिर भी
जीवन के प्रति थोड़ी–सी आसक्ति
इन प्यालों में बची पड़ी है।

समय पूछता है
यदि मुझे कहा जाये
एक प्याला चुनकर
उसे पीने को
तो मैं कौन–सा प्याला चुनूँगा।

निस्सन्देह
वह होगी चौथी ही प्याली
वही
जिसे मैं दाँतों के बीच भींचकर
एक कुचली गेंद की भाँति
माँ के कूल्हे पर
जा बैठता था।

(10 नवम्बर 2015)

साँस रोके हुए रखना

मैं उस युग में जन्मा था
जब नेक सूरमा हर जगह
हर दल पर राज करते थे
फ़िल्मों के क्षेत्र में, साहित्य में
नाटकों में और
कुएँ के चारों ओर फैले
पड़ोस में।

जब अवगुणों का धुआँ
मेरी ओर बह कर आया
मैंने उसको इकट्ठा कर
एक प्रेत बना लिया
और जार में क़ैद करके
एक कोने में रख दिया।

सद्गुण तो अक्षत हैं
पर फिर भी जब वे अपनी
सुगन्धि चारों ओर बिखेरते हैं
जार से एक छोटा–सा पाद
बाहर निकलकर
सुगन्धि को बेध डालता है
हमेशा मैं ही वह पहला व्यक्ति होता हूँ

जो अपनी नाक पर हाथ रखता है
चूँकि सभी लोगों ने ऐसा ही जार
सँजोकर रखा हुआ था
वे जल्दी से जाँचते जार का ढक्कन तो बन्द था।
आज का युग
दुराचारों का युग है
फ़िल्मों के क्षेत्र में
साहित्य में, नाटकों में
सार्वजनिक कुँए के पड़ोस में।

बड़े प्रयत्न करने के बाद
मैंने सद्‌गुणों को फँसा कर
एक जार में डाल लिया है
और उसको कहीं और रख दिया है
पर अभी भी
जब कभी पाद जार से बाहर निकलता है
मुझे अपनी नाक को दबाना तो पड़ता है
परन्तु अब मैं ऐसा सहर्ष होकर करता हूँ।

(8 दिसम्बर 2015)

हर किसी को साथी की ज़रूरत है

मैं सभी खिड़की और दरवाज़े
खोल कर
वर्षा को सुनते हुए
स्वयं अँधेरा बनकर बैठा हुआ हूँ
जब कभी उसकी ताल पर झूमते हुए
झपकी लग जाती है
उसके झोंके गुदगुदाकर
मुझको जगा देते हैं
हर किसी को
एक साथी की ज़रूरत है।

(10 नवम्बर 2015)

बाढ़ इतनी कृपालु नहीं है

मैं पिछले दस दिनों से एक द्वीप पर पड़ा हूँ
मेरे निकट बाढ़ का पानी
सभी तरफ़ से बढ़ता ही आता है
और किसी भी क्षण
मेरे पाँवों को छूने ही वाला है।

छत पर खड़ा हुआ मैं
बाढ़ को सुरक्षित दूरी से निहारता हूँ
पास ही टेलीविज़न के परदे पर
डूबी हुई इमारतों को
एक नथुने से साँस लेते हुए देखता हूँ
लोगों का प्रलाप मुझ तक लहर बन पहुँचता है।

थोड़ी–थोड़ी देर पर देखता रहता हूँ
जल के पाँव कितने समीप आ गये हैं
उससे मुझे कुछ राहत मिलती है
दस दिन में तीन बार भोजन
दिन में तीन बार चाय, बिजली और मूवी
पड़ोसियों के साथ बाँटता हूँ
ईश्वर ने तो सब कुछ पहले से ही निश्चित कर रखा है
मेरा तो काम है जो दैन्य है बस उसे ग्रहण करना।

जो कुछ भी मुझे दिया जाता है
मेरी चिन्ताएँ उसे लेने से नहीं रोकती हैं
यहाँ तक कि
मूसलाधार अनजान बारिश का गरजना भी
पहले तो भयभीत करता है मुझे
परन्तु शीघ्र ही लोरी में बदल जाता है।

ताकि मैं लोगों को निराश न करूँ
सैल फ़ोन पर उनके पूछने पर
चिन्ताग्रस्त आवाज़ में कहता हूँ
'चारों ओर बाढ़ ही बाढ़ है'
'क्या पानी घर के अन्दर तो नहीं आया?'
आशान्वित होकर और थोड़ी निराशा से
वे पूछते हैं।

मैं कर भी क्या सकता हूँ?
नहीं, बाढ़ इतनी कृपालु नहीं है
कि मेरे पाँवों को निहार ले।

(8 दिसम्बर 2015)

टूटी टाँग वाला कौआ

एक दिन सुबह सवेरे–सवेरे
खाने के लिए कुछ खोजने के बाद
एक टूटी टाँग वाला कौआ
सुस्ताने के लिए
मेरी छत पर
कपड़े सुखाने वाली रस्सी पर आ बैठा।

उसकी टूटी हुई टाँग इस तरह झूल रही थी
जैसे किसी छिपकली की दुम
क्या वह इसी तरह पैदा हुआ था?
या बाद में कभी ऐसा हो गया था?
क्या वह एक पैर से काम चला सकता है?
क्या वह भलीभाँति उड़ सकता है?
पूरी रात एक टाँग पर
वह कैसे बैठे रह सकता है?

मेरे ऊपर बीट कर देने पर भी
मैं उसे भगाता नहीं हूँ
यह देख वह मुझसे बातें करने लगता है
ना जाने कितने सवाल, पूछताछ और चिन्ताएँ
मैं भी बस उत्तर देता रहता हूँ।

अब वह कौआ हर दिन आ जाता है
चूँकि मेरे शब्द
उसकी टूटी हुई टाँग को थाम लेते हैं

अब वह दो टाँगों पर बैठ और खड़ा हो सकता है

जी हाँ वही एक टाँग वाला कौआ
नहीं मात्र कौआ।

(9 दिसम्बर 2015)

अब जागे या न जागे

अब हर दिन मैं उस पिल्ले को जगाता हूँ
जो एक बारिश के दिन
कोना तलाश कर
गुड़ी–मुड़ी होकर सो गया था।

पहले तो मैं उसे धीरे–से पुकारता हूँ
फिर पुकारता ही जाता हूँ
जब तक कि मेरी आवाज़ गरजने न लगे
परन्तु उसमें कोई भी हरकत नहीं होती
मैं उसके नज़दीक जाकर
धीरे–से हाथ से ढकेलता हूँ
वह अपने सिर को शरीर में घुसाकर
और जकड़ जाता है।

झुँझलाकर मैं उसे थप्पड़ लगाता हूँ
और फिर उठकर ठोकर मारता हूँ
मुझे उत्तर में मिलती है
बस हलकी–सी बड़बड़ाहट।

क्या उसके ऊपर मुझे पानी उँडेलना चाहिए?
क्या उसके सिर पर पत्थर फेंककर

उसे मार डालना चाहिए?
जब किसी को जगाना
उसकी हत्या करना हो जाये
तो फ़र्क़ क्या पड़ता है
वह अब जागे या न जागे।

(13 दिसम्बर 2015)

मेरा हृदय इतना सबल नहीं है

मेरे सिर पर बिजली आ गिरती है
पाँवों के नीचे से धरती खिसकती है
मेरे छूने से फूल मुरझा जाते हैं
नथुनों में मेरे धुआँ भर गया है
मैं सभी तरफ़ से जल रहा हूँ।

मेरा हृदय अभी इतना सबल नहीं है
इन स्थितियों में यहाँ पर
आगे बढ़ सके
जी सके और रह सके।

(21 दिसम्बर 2015)

असहनीय

तुम मुझे लक्ष्य बनाकर
विष सिक्त बाण सन्धानते रहते हो
अब मेरे लिए इसे सहना असाध्य है
क्यों नहीं तुम एक विशाल बाण लेकर
मुझे जान से मार डालते।

(21 दिसम्बर 2015)

नियति

नियति
किसकी नियति?
नियति किसके लिए?
नियति किसके द्वारा?

अब प्रश्न कोई नहीं बचे हैं
बाढ़ मेरे सिर के ऊपर से निकल गयी है।

नियति,
एक पल के लिए
मुझे आलिंगन में भर लो
तुम में मुझे अपना मुख समा लेने दो।

(21 दिसम्बर 2015)

कौन-सी उँगली?

तुमने मेरा भाग्य
मेरे माथे पर किस उँगली से लिखा था?

दम्भी अँगूठे से
संकेत करती तर्जनी से
जो छिप जाती है
उस सर्प उँगली से
शृंगार के लिए अँगूठी वाली उँगली से
या फिर छोटे आकार वाली कन्नी उँगली से।

अपनी कुण्ठित उँगलियों रो
लिखने का अभ्यास करने के लिए
क्या तुम्हें कोई और ललाट नहीं मिला था।

(21 दिसम्बर 2015)

ओ समय

ज़िन्दगी के बोझ से झुकी मेरी पीठ पर
तुम एक शिला रख देते हो
और फिर उसे
गोल घेरे में घुमाकर खेलते हो
ओ समय
क्या तुम्हें मुझ पर तरस नहीं आता?

(21 दिसम्बर 2015)

उसके बाद

मैं जो कुछ भी मथता हूँ
वह विष बन जाता है
उसके बाद मेरी जिह्वा
अब स्वाद नहीं बता सकती है
चाहे अमृत की बूँद ही क्यों न
उस पर आ टपक पड़े।

(21 दिसम्बर 2015)

सड़ा-गला शव

मेरे इर्दगिर्द खड़ी
प्रेत आत्माएँ अपनी छाती पीट रही हैं
और मैं न जाने कब का मरा हुआ
एक सड़े–गले शव की भाँति पड़ा हुआ हूँ।

(21 दिसम्बर 2015)

बाढ़ के साथ

कहाँ–कहाँ और किस तरह तैरा हूँ
मैं उसकी गणना कर रहा हूँ
मैंने कुएँ में तैरने का आनन्द उठाया है
नदी में तैरना भी काफ़ी सुखद पाया है
मैंने झील भी एक तट से दूसरे तट तक लाँघी है
सागर में लहरों के साथ मैंने कुश्ती लड़ी है।

परन्तु
एक गरजती हुई बाढ़ में
जो हर पल उमड़ती ही जाती है
कोई कैसे तैर सकता है?
हाँ, यहाँ
मैंने स्वयं को
बस बाढ़ के साथ–साथ बह जाने दिया है।

(21 दिसम्बर 2015)

मेरे प्रिय दिवंगत लोग

न जाने कितने ही लोग
मेरी आँखों के सामने दिवंगत हुए हैं।

अप्पुच्ची का देहान्त हुआ
दादा जी चल बसे
पिताजी मर गये
दादी मरीं
बड़े भाई स्वर्गवासी हुए
चाची चल बसी
और माँ भी मर गयी।

क्या वे इस नन्हे बालक को
काँधे या कूल्हे पर बिठाकर
अपने साथ ले नहीं जा सकते थे
शायद वे
मुझे इतना प्यार नहीं करते थे।

(21 दिसम्बर 2015)

साँझ

अँधेरा
वर्षा के बादल समूह की तरह आता है।

प्रकाश की घनी दरारों को
खरोंच कर पूरी तरह साफ़ कर देता है
रंगों की असमानता को मिटा देता है
भस्मवर्ण रंग पोत कर
इधर–उधर देखता हुआ बैठ जाता है।

और तब
चमत्कारी रंगभरी कूची निकालकर
स्याह रंग वाले पेड़ बनाता है।

कीड़े–मकोड़े, पक्षी
और अन्य छोटे जीव
अन्धकार के टुकड़े बन जाते हैं
और उसमें घुलकर विलीन हो जाते हैं।

मैं खिड़की की सलाखें लाँघ कर
बाहर निकल आता हूँ
साँझ के बनाये सायों के चित्र में
एक अजीब–सी सरसराहट हो रही है।

(27 अगस्त 2015)

मेरा दिन

मैं न जाने कब से
इस कोशिश में लगा हूँ
कि किसी एक दिन को
पूर्णरूप से अपना बना लूँ
जब मैं यह घोषणा करता हुआ जागता हूँ
कि वह दिन मेरा दिन है
देखता हूँ मैं बहुत देर कर चुका हूँ
दिन तो पहले से ही आरम्भ हो चुका था
जब मैं तैयार होकर उत्साह से भरकर
यह सोचते हुए बाहर निकलता हूँ
कि वह दिन मेरा ही दिन है
मेरी राह काटती हुई बिल्ली के पाँव
ले जाते हैं मेरा दिन अपने साथ–साथ।

अन्धकार

मैं अन्धकार का पुजारी हूँ।

पत्थर से ठोकर खाकर
जब मैं गिर पड़ा था
यही था वह जिसने मुझे उठाया था।

मुझे झाड़–पोंछ कर
मेरे ज़ख़्मों पर मरहम लगाया था
मेरे कपड़ों को धोया था
और यही नहीं
मुझे ढाढस भी बँधाया था।

मैं अन्धकार के स्तनों से दूध पीकर
हृष्ट–पुष्ट हुआ था
अब मेरी एक ही अभिलाषा है
अन्दर और बाहर सभी जगहों पर
बस अन्धकार ही अन्धकार हो।

अन्धकार ही मेरा ईश्वर है।

प्यास

न बुझनेवाली प्यास लिए
एक जंगली जानवर
मेरे भीतर से छलाँग लगाकर
बाहर आ जाता है।

जब वह एक गले पर
मुँह मारता है
चेहरे पर छलकते रक्त की गर्मी से
एक पल के लिए आनन्दित हो जाता है।

अगले क्षण
एक और गला
रक्त का छलकना
उसकी गर्मी
और फिर एक और गले के लिए छलाँग।

अब यह सब रुकने वाला नहीं है
वह एक लोभी जानवर है।

(25 दिसम्बर 2015)

ईश्वर की खोज

सबसे पहले ईश्वर मुझे प्राप्त हुआ
एक काग़ज़ के टुकड़े के रूप में
मैंने उसे हथेली पर रखकर
सभी सम्बन्धियों को शान से दिखाया
और फिर उसे एक पुस्तक में छिपा लिया।

परन्तु जब मैं उसे कहीं खो बैठा
मैं बहुत रोया
जब तक कि वह मुझे फिर से मिल न गया।

जब मुझे लगा कि मैं उसको
भविष्य में सुरक्षित न रख पाऊँगा
मैंने उसे बाहर द्वार पर चिपका दिया
अब वह वहाँ से हर किसी को वरदान देता है
सभी चिन्ताओं से वह पूरी तरह मुक्त है
हाँ यह ज़रूर है कि उसका रंग
थोड़ा–सा फीका पड़ गया है।

(25 दिसम्बर 2015)

प्रतिदिन

सावधानी बरतते
शान्तिपूर्वक
बहुत ही धैर्यपूर्वक
सीढ़ी के डंडों पर
क़दम रखते हुए
मैं धीरे–धीरे
ऊपर की ओर चढ़ता हूँ।

नीचे धरती लगती है जैसे एक भ्रम जाल हो
मैं छिप कर बैठे हुए पौधों को देख सकता हूँ
देख सकता हूँ हाथ पकड़कर इन्सानी शृंखला बनाये
बिजली के खम्भों को
मैं देख सकता हूँ सैल फ़ोन टावर के
भीमकाय कंकालों को।

सावधानी से
शान्तिपूर्वक
धैर्यपूर्वक
धीरे–धीरे
मैं और ऊपर चढ़ता हूँ
गोधूलि की वेला में सब कुछ

धुँधला पड़ चुका है
तरंगें लेता हुआ अँधेरा चारों ओर फैला है।

सावधानी से
शान्तिपूर्वक
धैर्यपूर्वक
धीरे–धीरे
मैं ऊपर चढ़ता जाता हूँ।

पौ फूटने लगी है
दीप्त लिए हुए प्रकाश फैला हुआ है
और मैं धरती पर लेटा हुआ हूँ।
मैं स्वयं को सँभालता हूँ
अपने को झाड़ता पोंछता हूँ
सीने को रगड़ता हूँ
फिर से ख़ुद को प्रेरित करता हूँ
और धीरे–धीरे ऊपर चढ़ता हूँ।

सावधानी से
शान्तिपूर्वक
धैर्यपूर्वक
धीरे–धीरे
मैं प्रतिदिन
ऊपर चढ़ता ही जाता हूँ
रस्सी से बनी सीढ़ी पर
जो लटकी हुई है आकाश से।

(26 दिसम्बर 2015)

मेरी अपनी जगह-1

यह ज़मीन जो मुझसे जुड़ी है, बहुत ही उष्ण है
यहाँ तक कि पाँव धरने के लिए भी।

माटी जो चिपटी है मुझसे
यह वही है जिसे मेरे पाँवों ने पहली बार छुआ था
इसी मिट्टी को मैंने गुप–चुप स्वाद लेकर तब तक चखा था
जब तक मेरा पेट दर्द से आहत न हुआ था
यह वही धूलि है जिस पर खेलते और लुढ़कते हुए
वह मेरे रक्त में घुलमिल गयी है
यह वही मिट्टी है जो मेरे कुछ सम्बन्धियों को खा चुकी है
यह धूलि जो जीवन है।

इस उष्णता में बीज भुन कर रह गये हैं
झुलसती गन्ध चारों ओर फैली हुई है
मेरे पूरे शरीर पर दरारें पड़ चुकी हैं
घावों से निकलते मवाद की गन्ध
ऊष्मा घेर कर
सभी ओर से निगल लेती है।

जैसे किसी दावानल से
चीखता हुआ पक्षी कहीं दूर उड़ जाता है
मैं भी विदा लेता हूँ
अब कहाँ रह गयी है कोई जगह
जिसको मैं अपना कह सकूँ।

(30 दिसम्बर 2015)

मेरी अपनी जगह-2

ना जाने कितने कुचले हुए रास्ते हैं
जिन्हें यहाँ पर मेरे पाँवों ने बनाया है
बहुत सारे ऐसे भी मार्ग हैं
जो मेरे पूर्वजों ने बनाये थे
और मैं स्वयं उन पर चला हूँ
यहाँ की अन्धी गलियाँ
और रथयात्रा वाले मार्ग
उन सभी रास्तों को
मैं भलीभाँति पहचानता हूँ
वह राजपथ जो मेरी दुनिया को जोड़ते हैं
मैं उन्हें अच्छी तरह जानता हूँ।

पर अब उन रास्तों पर
मैं चल नहीं पाऊँगा।

एक विशाल मेंढक
छलाँग लगाने के लिए
अपने अगले पैर आगे फैलाता है
और बाहर कूद जाता है
उसके पाँवों के बीच जो ज़मीन है
बस उसको ही मैं अपनी कह सकता हूँ।

(30 दिसम्बर 2015)

अपना शहर

किसी से भी उसके
शहर के बारे में पूछने की
उतावली बिल्कुल न करना।

कुछ ऐसे भी लोग हैं
जो अपना शहर तुम्हें बता नहीं सकते हों
ऐसे भी लोग हो सकते हैं
जो अपने शहर के बस सपने ही देखते हों।

कुछ ऐसे भी लोग हों
जो अपने शहर को भूल गये हैं
शायद कुछ ऐसे भी लोग हों
जो अपना शहर पीछे छोड़ आये हैं।

लोग ऐसे भी हो सकते हैं
जो अपने शहर में रहते न हों
पर वहाँ आकर बस ठहरते हों
कुछ लोग ऐसे भी हो सकते हैं
जो अपने शहर से खदेड़े जा चुके हों।
यह भी तो सम्भव है
कि कुछ लोग ऐसे हों
जिनके पास अपना कहने के लिए
कोई स्थान ही न हो।

(30 दिसम्बर 2015)

भेड़ियों का झुण्ड

खूँखार भेड़ियों के
झुण्ड की तरह
शब्द मेरा पीछा करते हैं।

मैं टाँगों की अंटी लगाकर
शुष्क जिह्वा और
अग्नि की तरह तप्त श्वास लिए
ख़ुद से बेख़बर
दौड़ने लगता हूँ
गिर पड़ता हूँ, लुढ़कता हूँ
और फिर पूरे जंगल में
यहाँ–वहाँ दौड़ लगाता हूँ।

काट खाये ज़ख़्मों से
सब तरफ़ ख़ून बहता है
मैं बेहोश हो जाता हूँ
फिर कुछ देर बाद जब जागता हूँ

सघन आकाश मेरी ओर
अपनी भुजाएँ फैलाए है
मैं चैन की साँस लेता हूँ
मुझे अब दौड़ना नहीं पड़ेगा
वे भेड़िये कहीं और जा चुके हैं।

(28 जनवरी 2016)

घर के भीतर

एक है घर
जिसके दरवाज़े पर ताला लगा है
उसकी चाबी झोले में बन्द है
और भीतर से चटकनी लगी है।

सुबह होने पर
दरवाज़ा थोड़ा–सा खुलता है
दोपहर होने से पहले
जब गर्मी बढ़ने लगती है
दरवाज़े पर ताला पड़ा रहता है
रात होने पर खुलता है
परन्तु तुरन्त ही
भीतर से चटकनी लग जाती है।

वह चोर जो एक कोहरे भरी
सर्दियों की चाँदनी रात में
छप्पर में सूराख़ खोदकर
घर के भीतर घुस आया था
वह पहला शख़्स था
जिसने यह देखा था
कि घर के अन्दर
कुछ भी तो नहीं था।
पर उसने यह बात
किसी को भी नहीं बतायी थी।

(6 जनवरी 2016)

उष्णता

तीसरे पहर आते–आते मेरा दिन
जैसे सरकने लगता है
शायद यह बहुत धीरे–धीरे
अन्धकार से जन्मा था।

यद्यपि प्रभात भी
बहुत देर से आया था
फिर भी वह
वर्षा में भिगोकर
राव कुछ धोकर
एक नया प्रकाश लाया था।

फिर जैसे–जैसे उष्णता बढ़ती गयी
वह एक कठोर ग्रीष्म दिवस बन उमड़ पड़ा
तीसरे पहर भी गर्मी कम नहीं हुई है
मैं सोच रहा हूँ कि शेष दिन कैसा होगा
शायद थोड़ी ठण्डक हो जाये
या फिर यह ऐसा ही बना रहेगा।

यदि ताप को इस तरह ही बना रहना है
तो अच्छा तो यही होगा

यह दिन यहीं समाप्त हो जाये
आलस और सुस्ती में लिपटा
यह दिन
लगता है जैसे
राख में लिपटा हुआ एक शरीर हो।

(7 जनवरी 2016)

कापुरुष का भय

कापुरुष
बहुत भयभीत है।

यद्यपि वह डर के मारे सारी रात
सो नहीं सका था
प्रभात हो जाने पर भी
आँखें खोलने में उसे डर लग रहा था।

चिड़िया जो उसके लिए समाचार लेकर आती है
उससे भी उसे डर लगता है
वह उस चूहे से भी डरता है जो
दौड़कर बिल में जा छिपता है
बिल्ली जो टकटकी लगाकर उसको देख रही है
वह उसका सामना नहीं कर पाता है
कुत्ते उसका पीछा करते हैं
साँड़ अपने सींग उसकी ओर किये हुए आते हैं।

वह पैदल चलने से डरता है
सड़क पार करने से भी कतराता है
टेबल लैम्प के विस्फोटित हो जाने पर
दीवारों ने घेरकर उसे चारों ओर से जकड़ लिया है।

धरती थरथराती है
आकाश बड़े वेग से नीचे उतरता है
धरती से आ टकराता है
तारों का समूह उमड़कर
आग बन बरसता है।

वह अँधेरी गुफा में
आँखें बन्द किये
उकड़ूँ बैठा हुआ
जीवित बचा रहता है।

परन्तु
जिससे वह
सबसे ज़्यादा डरता है
बहुत ही भय खाता है
वह हैं मानवीय चेहरे
जो उसके सामने आ खड़े होते हैं।

(7 जनवरी 2016)

पीछे की ओर दृष्टिपात करते हुए

चट्टानों के बीच दरारों को थामकर
पदचिह्नों का अकेला रास्ता बनाकर
मैं पहाड़ी पर चढ़ सका हूँ
पर अब जैसे ही मैं शिखर पर आ पहुँचा हूँ
उपद्रवी जनोत्तेजक लोगों की भीड़
मुझ पर आ बरसती है।

क्या इसके लिए ही मैंने संघर्ष किया था?

मुझे काँटों से भरे जंगल में
कनखजूरे की तरह खिंचते हुए
एक–एक इंच आगे की ओर बढ़ते हुए
रेंगना पड़ा था
पर अब दूसरी ओर
अपनी उलझी हुई लटें फैलाये
एक भयावनी गुफा मेरा स्वागत कर रही है।

क्या यह ही है परिणाम मेरी यात्रा का?

धरती के उभरे हुए कगारों पर
एक पग के आगे दूसरा पग रखकर
जैसे पूजा के समय करते हैं

कीचड़ पर छलाँग लगाते हुए
मुझे सतर्क होकर चलना पड़ा था
पर अब दूसरी ओर
एक क़ब्र मेरी प्रतीक्षा कर रही है।
क्या मेरे सारे प्रयास व्यर्थ ही गये?

चित्ती बनकर
लहरों की परतों में
स्वयं को छिपाकर
उनकी ताल पर
झूमकर, लहराकर
मैं सागर तक आ पहुँचा हूँ
पर जब यहाँ आ गया हूँ
पाता हूँ
दुम से कोड़े मारती हुई
एक विशालकाय व्हेल मेरी ओर आ रही है।

अब मैं और जीना नहीं चाहता।

(9 जनवरी 2016)

एक अधम कीट

मैं एक
कीड़ा हूँ
एक छोटा–सा कीड़ा
एक अधम कीड़ा
आकस्मिक स्पर्श
चंचल स्पर्श
स्पर्श का आभास
कुछ भी नाम दो उसे
एक हलका–सा
स्पर्श होने तक के भय से
मैं कुंचित हो जाता हूँ
सिकुड़ता जाता हूँ
और सिकुड़ता ही जाता हूँ
मैं एक तुच्छ कीट हूँ
धरती के
इस छोटे–से तप्त खण्ड को
पार करने में असमर्थ हूँ।

(10 जनवरी 2016)

एक अकेला शब्द

प्रिय,
अपनी निर्बल भाषा में
मैं खोज रहा हूँ
एक शब्द जो
मैं तुमको भेज सकूँ।

चुटकी बजाते ही उड़ कर
जो तुम तक जा पहुँचे
और तुम्हारी सभी
भ्रान्तियाँ मिटा दे ।

जब उच्चारा जाये
तो मन्त्र बन जाये
तुम्हारी उदासी को
दूर भगा दे।

जा छिपे
तुम्हारे पर्स के अन्दर
और जब तुम उसे खोलो
वह फूल सुरभि बन बिखर जाये
और तुम्हारे सभी घाव
धो डाले।

वह एक झिलमिलाती हुई
मणि बन जायेगा
और अँधेरे में
तुम्हारा साथ देगा।

मुझे और कुछ नहीं
बस एक शब्द चाहिए
एक मन्त्र।

(13 जनवरी 2016)

छोटा-सा मतभेद

प्रिय, उस दिन
फ़ोन पर तुम्हारी आवाज़ में
वह छोटा–सा विसंगति का शब्द
बाण बनकर
मेरे हृदय को
गहराई तक चीरता चला गया।

और फिर उसने स्वयं को
वहाँ से धैर्यपूर्वक
धीरे–धीरे निकालकर
अगली बार मेरे मस्तिष्क पर वार किया।

मेरा मस्तिष्क जब
सड़ गया
वह मेरे शरीर की रग–रग को
तीव्र वेग से भेदने लगा।

रक्त उड़ेलता हुआ
मेरा शरीर
आत्मा को
आक्रान्त कर गया।

(13 जनवरी 2016)

फूलों से बना गलीचा

प्रिय
यह सही है
कि तुम्हारा पथ
पुष्पों से बना गलीचा है
परन्तु
वह बरौनियों जैसे
छोटे–छोटे काँटों से भरा है।

उन्हें चुन लेने के लिए
अपनी इन उँगलियाँ को
मैं हज़ार गुना कर चुका हूँ
जिन्होंने इस पथ को बनाने में
अपना भाग ख़ुशी–ख़ुशी अदा किया था।

परन्तु अभी भी
पथ पर सावधानी से चलना
मोटे चमड़े के जूते पहन लेना
और फिर निडर होकर चलना।

(13 जनवरी 2016)

मेरी भाषा

मेरी भाषा
रेत और चट्टानों से भी
बहुत अधिक पुरानी है।

यह एक ऐसा संग्रह है
जिसने सँभालकर रखा है
दो हज़ार, तीन हज़ार, चार हज़ार, पाँच हज़ार वर्षों से
इकट्ठा किये हुए शब्दों को
और जो आज भी
साहित्यिक ज्योति को प्रदीप्त बनाये हैं।

एक ऐसी राजनीतिक शास्त्रीय भाषा
प्रकाश और अन्धकार के युगों ने
बारी–बारी से आकर
जिसको निखारा है।

पाँच लाख शब्दों की
एक अपरिमित भाषा।

परन्तु
मेरी भाषा में ख़ामोशी
उन सभी स्थलों पर
जो शब्दों के लिए बने थे
दृढ़ता के साथ पालथी मारकर बैठ गयी है।

(21 फ़रवरी 2016)

पथरीला भारीपन

मैं अपने सिर के
इस पथरीले भारीपन को
अब सहन नहीं कर सकता
मैं उसे दीवार पर मारता हूँ
कुछ भी तो नहीं होता
दीवार जैसे रुई का एक गाला है।

मैं अपने सिर को
चट्टान से टकराता हूँ
कुछ भी तो नहीं होता
चट्टान जैसे पुष्प सरीखी है।

मैं अपने सिर को
धरती पर पटकता हूँ
कुछ भी तो नहीं होता
धरती जैसे एक तरल पदार्थ है।

मैं क्या करूँ
इस बोझिल सिर के उभार का
इसे चक्कर आते हैं
आती हैं घुमाइयाँ
और यह बार–बार
किसी भी हलके–फुलके आसार से टकराता रहता है।

(23 फ़रवरी 2016)

शिकायतों का आक्रमण

मैंने अपने होंठों को
भींच कर सी लिया है
और अपने कानों को
पंखुड़ियाँ पसार कर
पुष्पित हो जाने दिया है।

पहले तो
एक भारी भरकम शिकायत
धमाके के साथ आ गिरी
उसके बाद
अनेक शिकायतें क़तार में आकर खड़ी हो गयीं
वे, वह और वह
यह और वह
मेरे कान सुन्न हो गये हैं
शिकायतों के इस आक्रमण से।

आवाज़ें आपस में
घुलमिल गयीं
मेरे बारे में शिकायतों के ढेर लग गये
और मैं हर शिकायत को सुनकर बस हँस दिया था।

मैं अपने कानों के लोबों को
पाखों की तरह फैला देता हूँ
और अब
मैं पूरे विश्व की शिकायतों को सुन सकता हूँ।

(25 फ़रवरी 2016)

मैं चुप्प रहता हूँ

वे अनुरोध करते हैं, लिखो
वे अनुनय करते हैं, लिखो
वे आग्रह करते हैं, लिखो
वे बाध्य करते हैं, लिखो
वे आदेश देते हैं, लिखो
वे चीख़ते हैं, लिखो
वे विनती करते हैं, लिखो।

कोई भी इस ओर ध्यान ही नहीं देता
कि मैं उन्हें अपनी सड़ी–गली उँगलियाँ दिखा रहा हूँ।

लिखने के लिए माँग
मेरे कण्ठ को उसी तरह दबोचती है
जैसेकि न लिखने के लिए माँग।

मत लिखो, मत लिखो
लिखो, लिखो
चूँकि इन दोनों का ही
मुझसे कोई सरोकार नहीं है
मैं चुप्प रहता हूँ।

(29 फ़रवरी 2016)

थोड़ा-सा और

तुम्हारे चेहरे पर
यह अनवरत चढ़े हुए तेवर
मैं वहन नहीं कर सकता।

तुम्हारे चेहरे पर
यह खीज भरी मुस्कान
जैसे कोई फल आ गिरा हो मल में
मेरी आँखों को आहत करती है।

मेरा दिल दहल जाता है
जब तुम्हें देखता हूँ
रक्त सने दाँत लिए
लगातार चीड़ते
मांस को चबाते।

तुम्हारी बातें सुनते सुनते
मेरे कान कड़वाहट से भर गये हैं
वह मेरी भाषा को बदलकर रख देते हैं
शब्दों के एक घिनौने ढेर में।

ऐसा क्यों है कि हर प्रक्रिया पर
तुम्हारे हाथ

किसी–न–किसी को लुढ़का देते हैं?
ऐसा क्यों है कि लीनता में ही सही
तुम्हारे पाँव
किसी–न–किसी को लगातार ठोकर मारते हैं?
तुम्हारे लिए यह ज़रूरी नहीं है
दीवार पर आ बैठी आकुल चिड़ियों को
पानी भी पिलाओ
परन्तु तुम हाथ में डंडा लेकर
उन्हें फुर्र से दूर उड़ा देते हो।

तुम्हारे लिए यह ज़रूरी नहीं है
अपने कँटीले पौधों से
कुछ पत्तियाँ तोड़ कर
थके हारे नन्हे मेमने को खिलाओ
परन्तु तुम कुछ क्षण के लिए
उस पेड़ तले उसे आराम तो कर लेने दो
जो तुमने नहीं रोपा है।

क्या तुम अपनी पकड़ को
थोड़ा ढीला करोगे
थोड़ा और
थोड़ा–सा और
अंकुरित होती कोपल के ताज़ा सिरे पर
ज़रा अपनी निगाह तो डालो।

(3 मार्च 2016)

तुम्हारी यही तो समस्या है

तुम्हारी नाक के अन्दर
रेंट फँसी है
नहाते समय तुम अपनी कन्नी उँगली से
उसे कुरेदकर बाहर झटकते हो
चेहरे को धोते समय
मेकअप करते समय
बालों को काढ़ते समय
जब भी तुम शीशे के सामने खड़े होते हो
उसको बार–बार कोंचते हो।

परन्तु फिर भी
तुम्हारी नाक के अन्दर
रेंट फँसी है।

लोगों के बीच, जब कोई देख न रहा हो
तुम सिर को थोड़ा–सा नीचे झुकाकर
नाक को कुरेदते हो
रूमाल से साफ़ करते हो
लम्बी साँस लेकर, छींक कर
उसे बाहर निकालने की कोशिश करते हो
उससे छुटकारा पाने के लिए
तुम जो कुछ भी कर सकते हो, करते हो।

पर उस रेंट का कोई अन्त ही नहीं है
जब तुम थोड़ी–सी निकालकर
जो भी नाक तुम्हारे सामने आती है
उसमें लगाते हो
तभी कुछ चैन पाते हो।

(4 मार्च 2016)

मेरा अन्तरंग सहकर्मी

कल शाम
ताज़ी हवा और दृश्य का आनन्द लेने
मैं समुद्र–तट पर चला गया।

किसी की हत्या हो गयी थी
और ऐसा लग रहा था जैसे यह
लापता होने और ढूँढ़ निकालने का कोई खेल था।

वे लोग जो नावों की छाया में
एक–दूसरे की गोद में
सिर रखकर लेटे थे
एक–दूसरे को चूम रहे थे
उनके केश पकड़कर
भीड़ उन्हें बाहर घसीट लायी
चेहरों पर थप्पड़ मारकर
पीठों पर मुक्के लगाकर
भीड़ ने उन्हें वहाँ से भगा दिया।

जो लोग बैठे थे अकेले
उनसे निपटने को
लोगों की लहरें उनकी ओर बढ़ने लगीं।

यह लहर जो शुरू में
शान्तिपूर्वक उभरी थी
अचानक ही
आसमान को छूने लगी
और अपने झोल में
सभी कुछ समेटकर ही नीचे उतरी।

सागर तट को ख़ाली देखकर
मैं आतंकित हो गया
और वहाँ से भाग लिया।

आज सुबह एक अन्तरंग सहकर्मी को
जब मैंने यह सब घबराते हुए सुनाया
वह मधुमेह दवा की गोलियाँ निगलते हुए बोला
'तो तुम ताज़ा हवा नहीं ले पाये, जिसके लिए तुम गये थे'

(4 मार्च 2016)

पचास साल पुराना सम्बन्ध

जैसे ही मैंने मक्की के भुट्टे पर
अपने दाँत गड़ाये और ज़ोर से खींचा
वह नीचे वाला दाँत
जो तिरछा उगा था
ढीला पड़ गया
और थोड़ा–सा बाहर निकल आया
वह मुझे पूरे एक साल तक
असहनीय पीड़ा देता रहा।

जब मेरा मस्तिष्क पूरी तरह
उस दाँत पर ही केन्द्रित हो गया
और दर्द मुझ पर हावी हो गया
उसको निकलवाना मेरे लिए अनिवार्य था
केवल एक इंजेक्शन, मात्र एक झटका
उसके लिए पर्याप्त था
एक पचास साल पुराना सम्बन्ध
मेरा साथी
और मुझे उसके शरीर को
देखने का मौक़ा भी न मिला था।

वह मेरे लिए
एक ऐसी रिक्तिता छोड़ गया है

जो अब उसके वहाँ न होने से
कभी भी नहीं भर पायेगी।

मेरी पहली क्षति वह थी
जब मैंने दूध का दाँत खोया था
और जिसे देखकर मेरी माँ
हर्ष से भर उठी थी।

अब जब कभी मैं अपने को दर्पण में देखता हूँ
उस चौड़ी रिक्तता को देखकर
एक अच्छी–ख़ासी खीसें निपोरता हूँ
और वह अपने को और चौड़ाकर कहती है
अब इसके बाद
एक के बाद एक
एक–एक कर
सभी को खोने का समय आ गया है।

(5 मार्च 2016)

एक नगर सभी के लिए

वे दक्षिणी छोर से आते हैं
आ रहे हैं मध्यवर्ती भूखण्ड से
वे उत्तरी दिशा से भी आते हैं
और आते हैं पश्चिमी प्रदेश से।

अगर तुम अपने शरीर को गलाकर
तीन बार भोजन पाने के लिए दे सकते हो
तो तुम राहों में लुढ़कती हुई
फुटकर काम वाली इन गेंदों को चुनकर
सड़कों पर लुढ़काते हुए उनके साथ खेल सकते हो।

यदि तुम अपना सिर कटाने के लिए तैयार हो
तो ऊँचे–ऊँचे लौह–द्वार तुरन्त खुल जायेंगे
और तुम्हें खींचकर पाठशाला के अन्दर ले जायेंगे।

तुम मेहनत से काम कर सम्पन्न हो सकते हो, आओ,
चले आओ यहाँ
तुम शिक्षा पाकर विकसित हो सकते हो, आओ, चले आओ यहाँ
सूक्ष्म वेतन के लिए कितना काम उपलब्ध है, आओ,
चले आओ यहाँ
माह में एक दिन की छुट्टी पगार बिना, आओ, चले आओ यहाँ
तुम मुर्गियों की बीटें उठा सकते हो, आओ, चले आओ यहाँ

तुम बोझा ढो सकते हो, आओ, चले आओ यहाँ
तुम मेज़ें साफ़ कर सकते हो, आओ, चले आओ यहाँ
अगर तुम्हारे पास धन है, आओ, चले आओ यहाँ
तुम कक्षाओं में बैठ सकते हो, आओ, चले आओ यहाँ।

यहाँ सेवकों के लिए जगह ख़ाली है
और गुलामों के लिए भी।

(24 मार्च 2016)

सभी रोगों का इलाज

उन्होंने भीड़ में हर एक को
तावीज़ दे दिये
जिसमें जड़े थे उनकी
विचारधारा, उनके धर्म, उनके गठबन्धन
उन्होंने देखा
आसानी से उल्लू बन सकने वाले वे लोग
उनकी दी हुई भेंट को उत्सुकता से देख रहे थे
उन्होंने एक–एक करके
सभी से बातें करना शुरू किया
और भीड ने समर्थन में
अपना सिर हिला दिया।

पहले तो
उन्होंने लोगों को यह समझने में सहायता की
कि उनके दिमाग़ कुछ और नहीं
केवल कूड़ा–करकट की परतें हैं
और उनको सिखाया उस कूड़े को कैसे साफ़ करें
फिर बोले उनके तावीज़ ही
सभी रोगों का इलाज है
और उस तावीज़ को बाँधने के लिए जगह तलाशने लगे।

अन्त में हारकर उन्होंने
तावीज़ उनके शिश्न के अग्रभाग पर बाँध दिये
और हर्षित हो विदा हुए
अब
भीड़ अपने तावीज़ों को झुलाते हुए
इधर–उधर घूमा करती है।

(24 मार्च 2016)

सही राह

रोहित वेमुला के लिए

आत्महत्या ही हमारे लिए
सही राह है
तुम्हें यह जताने को
कि हम बहिष्कार करते हैं
उपेक्षा करते हैं
विरोध करते हैं
तुम्हारी आज्ञा का
तुम्हारे दम्भ का
तुम्हारी लालसाओं का
तुम्हारे प्रेम का
तुम्हारे सरोकार का
तुम्हारी सहानुभूति का
तुम्हारी ताक़त का
तुम्हारी विनम्रता का
तुम्हारे अहंकार का
तुम्हारी करुणा का
तुम्हारे दया–भाव का
तुम्हारी दी हुई भीख और ख़ैरात का।

केवल आत्महत्या ही
हमारे लिए एक उचित राह है।

(11 मार्च 2016)

उदारशीलता

रोहित वेमुला के लिए

उसके अन्तिम शब्द–
'मुझे किसी से भी कोई शिकायत नहीं है
मैं किसी को भी दोष नहीं देता
मेरी मृत्यु के लिए कोई भी ज़िम्मेदार नहीं है'

वह तो हम हैं
जो कुछ भी स्वीकार करने में
मर्यादा नहीं रखते।

(11 मार्च 2016)

सज्जनो और महिलाओं

आग से बाहर निकलकर
हम शरण लेने आये हैं
इस नगर में।

उस भूमि पर जो किसी की नहीं है
हम अपने पाँवों पर खड़े हैं
उन कुर्सियों से
जिन पर तुम टाँगें पसराये हुए हो
जब तुम उठते हो शौचालय जाने
हम उनके किनारों पर बैठकर
बस थोडा सुस्ता लेते हैं।

निर्जन रात्रि में देर गये
बस स्टॉप की ख़ाली पड़ी बेंचों पर
हम थोड़ा–सा ऊँघ लेते हैं।

घास–फूँस जो तुम अलग रख देते हो
हमारे लिए काफ़ी हैं
फल–फूल जो तुम अलग रख जाते हो
हमारे लिए पर्याप्त हैं।

जब तुम अपने काम में लीन होते हो
हम सूरज की एक झलक ले लेते हैं
खुली हवा में थोड़ी–सी साँस ले लेते हैं।

तुम्हारे शीर्ष मुकुट की हम कभी चाहना नहीं कर सकते
हम तो तुम्हारे सिंहासन तक पहुँच भी नहीं सकते।

अतः सज्जनो और महिलाओं
अपनी तिरछी निगाहों से
विष न छितराओ
कृपया हमें थोड़ा–सा सहन कर लो।

(19 मार्च 2016)

कुत्ते की दुम जैसी हिलती हुई जिह्वाएँ

वह बस एक यही काम करते हैं।

जाँघें खोलकर फैला देना
उनके लिए यह सबसे अधिक न्यायसंगत कार्य है।

कुछ लोग तो हर समय टाँगें फैलाये रहते हैं
कुछ के लिए ख़ुद को ढीला करके छोड़ देना
यह शब्द काफ़ी है
और कुछ अपनी टाँगें चौड़ाने से पहले
झिझकते हुए उनकी ओर देखते हैं।

कुछ लोग स्वभाव से शर्मीले होते हैं
पर यह लोग बहुत ही निर्दयी होते हैं
वे अपनी जादुई जिह्वाएँ
पाँवों से शुरू कर धीरे–धीरे
ऊपर की ओर ले जाने में निपुण होते हैं।

उनकी जिह्वाएँ जैसे
आग पर पूरी तरह
तपाये हुए यरकम के पत्ते हों
कुछ को खुरदरे पसन्द हैं
तो कुछ उनका मुलायम होना पसन्द करते हैं

और यदि आवश्यकता पड़े
तो उनके तीखे पोर भी इस्तेमाल कर सकते हैं।

वे मुख प्यासी मरुभूमि हैं
वे ताज़ा और सड़े–गले में भेदभाव नहीं करते
जो परिपक्व हैं वे फुर्ती से काम करते हैं
परन्तु उन्हें रोकने के लिए
उन जिह्वाओं को मरोड़ने की ज़रूरत पड़ती है
वे लोग आसानी से सन्तुष्ट नहीं होते
वे झुककर अपने मुख
बार–बार खोलते हैं।

उनके स्पर्श से युवा लोग रोष में आकर
उठ खड़े होते हैं
उन्हें शान्त करने और फिर से मुख में लेने में
बहुत समय लगता है
वे फेन बनाकर उन्हें दुर्बल करने
और शिथिलता लाने में दक्ष हैं।

इन प्यासी जिह्वाओं के सामने
वह कौन–सा हथियार है
जिसे तुम्हारे लिए चलाना सम्भव हो सके
जो मुड़ सके
गिड़गिड़ा सके
नरम पड़ सके
चिमट सके
किसी भी समय कहीं भी
सम्भोग कर सके।

(19 मार्च 2016)

शुभ्र प्रभात

जब कभी
श्याम पक्षियों की चहचहाहट मुझे जगाती है
वह सुबह सदैव ही मेरे लिए आनन्दमयी होती है
वृक्षों के दीप्तमान मुखमण्डल
चिड़ियों के फड़फड़ाते हुए पर
और पहली–पहली किरणों का दृश्य।

मेरे निर्मल मस्तिष्क में
पहली शिकायत लेकर
एक मानवीय चेहरा उभरता है
उसके बाद अनेक चेहरे
अनेकानेक शिकायतें लिए हुए।

मैं शिकायतें सुनता हूँ
मैं शिकायतों का जवाब देता हूँ
मैं शिकायतों की अनसुनी करता हूँ
मैं शिकायतों का सँभालकर सामना करता हूँ
मैं शिकायतें व्यक्त करता हूँ
मैं शिकायतें इकट्ठा करता हूँ।

अपने मस्तिष्क को साथ उठाकर
जैसेकि वह एक भारी बोरा हो
मैं रात में दाख़िल होता हूँ
ठीक से सो नहीं पाता हूँ
और शुभ्र प्रभात की प्रतीक्षा में रहता हूँ।

(17 मई 2016)

एक किंचित बूढ़ी देहाती मुर्गी

मैं
एक किंचित बूढ़ी देहाती मुर्गी हूँ।

उम्र आने पर
एक अनुकूल मुर्गे की खोज में
जिसके साथ मैं सम्भोग कर सकूँ
इधर–उधर घूमता रहा
बिना नागा हर दिन अण्डे देता रहा
और उन अण्डों को दीवाना होकर सेता रहा
मैं बार–बार चोंच से उन्हें ढकेलकर अपने नीचे ले आता
एक भी बेकार जाये मैं यह नहीं चाहता था
मैंने बहुत सारे चूजों को जन्म भी दिया।

अपने चूजों के बीच गर्व से फूला हुआ
दाना पानी की खोज में मैंने बाहर क़दम रखा
अनाज के दाने, दीमक या कीड़े–मकोड़े
अपने नाख़ूनों से धरती को कुरदेते और खोदते
मैंने नन्हे मुन्नों को दिखाया
उनके लिए यह पहला आहार था
उल्लास में भरकर उन्होंने उसे चुग–चुग कर खाया।

उन्हें खिलाने के पागलपन में
उस कौए को मैं देख नहीं पाया
जो एक चूजे को गर्दन से पकड़ कर
उड़ गया जैसे कोई साया
मैं सहायता के लिए चीखा चिल्लाया
और जल्दी से मैंने बाक़ी चूजों को
अपने नीचे समेट लिया।

कुछ देर ठहरकर
हम फिर खाने की तलाश में निकल पड़े
इस बार जब कौआ नीचे की ओर आया
मैं ऊँचा उठा जितना मेरे पंख मुझे ले जा सकते थे
उछला और चोंच से उस पर प्रहार किया
परन्तु न जाने कहाँ से कितने सारे कौए आ पहुँचे
और चूजों को चोंचों में दबा कर उड़ गये
उनमें से एक भी नहीं बचा।

अब मैं उछलता हूँ
और जहाँ तक मेरे पंख मुझे ले जा सकते हैं
उड़ने की कोशिश करता हूँ
पर यकायक नीचे धरती पर आ गिरता हूँ
मैं आपे से बाहर हो गया हूँ
जैसेकि एक बूढ़ी देहाती मुर्गी
जो अब मैं हूँ।

(17 मई 2016)

वर्षा फिर से हो रही है

कल ही तो
मूसलाधार बरसती वर्षा ने
कचरे के ढेर को बहाकर
सभी कुछ साफ़–सुथरा कर दिया था।

एक ही रात में
ढेर सारा कचरा
फिर से इकट्ठा हो गया।

आज सुबह
वर्षा फिर से हो रही है
परन्तु कुछ श्रान्त है।

(17 मई 2016)

आँसुओं से आमना-सामना

शायद ऐसा ही होता है
पचास की उम्र पर जब कोई पहुँचता है
उसे हर दिन
आँसुओं का सामना करना ही पड़ता है।

यद्यपि शिकायतें सभी वही पुरानी हैं
परन्तु उसके लिए ज़रूरी है
आँसुओं को बहाने के लिए तैयार रखना।

जब कभी मेरा बेटा या बेटी
मुझसे कुछ माँगते हैं
उनकी आँखों में
भर आये अनुनय–विनय के आँसू
मुझे विचलित कर जाते हैं।

मैं जब भी बाहर सड़क पर होता हूँ
कम–से–कम चार या पाँच आँसुओं की बूँदें
लुढ़कती हुई मेरी ओर आती हैं
और मुझे डुबो जाती हैं
हर दिन मोबाइल फ़ोन पर
धमकी भरी आवाज़ों के बीच
कम–से–कम एक आँसुओं से समाप्त होती है।

जब मैं आँसुओं के बिना गुज़रे हुए दिन से
राहत पाकर टेलीविज़न के सामने आ बैठता हूँ
कोई मामूली–सा सीन
मेरी आँखों में आँसू ले आता है
कोई इसकी ओर ध्यान दे
उससे पहले ही चुपचाप
मैं आँसुओं को पोंछ लेता हूँ।

(17 मई 2016)

एक लालची भिखारी कटोरा

तुम भीख माँगते हो
हाथ में लेकर
एक भिखारी लालची कटोरा
तुम भीख माँगते हो।

पहले तो अनजाने में
हमेशा की तरह मैंने
उसमें चावल डाल दिये
फिर यह सोचकर कि वह
जूठन के चावल लेने से कहीं इनकार न कर दे
मैंने उसमें ढेर सारे
गर्म ताज़ा चावलों का अम्बार लगा दिया।

मुझे पहने हुए कपड़े देने में संकोच हुआ
अतः मैंने उसको हज़ारों नये वस्त्रों से भर दिया
जिनको मैंने
ख़ून, पसीना और अश्रु देकर ख़रीदा था।

इस भिखारी कटोरे को
जो एक ही घूँट में सब कुछ गटक गया
इसके अलावा मैं और क्या दे सकता था।

मैंने उसे कुछ हरी भरी
लाल मिट्टी देने की कोशिश की
कुछ प्राचीन स्वर्णिम कोष भी उसमें डाले
पर उसकी पैशाचिक भूख को
कुछ भी सन्तृप्त नहीं कर पाया।

हारकर मैंने
अपने बूढ़े घटिया घमण्ड को उठाया
जो न जाने कब से कचरे में पड़ा था
और मरे हुए चूहे की भाँति
उसे कटोरे की ओर उछाल दिया।

भिखारी कटोरे ने
हज़ारों दाँत बाहर निकालकर
किचकिचाते हुए उसे मुँह में जकड़ लिया
और अब वह पूरी तरह सन्तुष्ट था।

(18 मई 2016)

अब तो ख़ुश हो?

यद्यपि वह एक हलका–सा झोंका था
परन्तु तुम मेरी गन्ध को पहचान गये
और यहाँ आ पहुँचे।

सुबह से ही मैं तुम्हारी
आकुल आवाज़ें सुन रहा हूँ
अपने भौंकने से तुम मुझे भयभीत करते हो
अपने गुर्राने से तुम मुझे चेतावनी देते हो
तुम रिरियाते हो, अनुनय–विनय करते हो
उन्मत्त हो अपने भोथरे पंजों से
मेरे छप्पर को खींचकर खरोंचते हो।

तुम मेरे पीछे किसलिए पड़े हो
जबकि न जाने कितने लोग
तुम पर लाड़–प्यार करने को तैयार हैं
तुम्हारी लपलपाती लम्बी जीभ को
थपथपाने के लिए तैयार हैं।

तुम चले जाने से मना कर देते हो
जब मैं खदेड़ने को तुम्हारी ओर
पत्थर का निशाना लगाता हूँ

तुम सिकुड़ जाते हो और पीछे हट जाते हो
अपनी सुरक्षा के लिए प्रार्थना करने लगते हो
मेरी बाँह दुखने लगी है
थोड़ी देर ठहर जाओ
पल भर के लिए सबर करो।
परन्तु गन्ध परखने के घोर अनुभव के कारण
तुम मेरे चारों ओर चक्कर लगाते हो
आओ, इधर आओ
मेरी प्लेट से यह जूठन ले लो
क्या तुम इसमें से हड्डी या कुछ टुकड़े
ढूँढ़ कर निकाल सकते हो?

उसे दाँतों में भींचकर
जाओ, जाकर दूर खड़े हो जाओ
कम–से–कम आराम से उसे खा तो सकोगे।

ओ दयनीय कुत्ते !
क्या तुम ख़ुश हो?
अब तो प्रसन्न हो न?

(23 मई 2016)

रहस्य जो वह जानता था

इस बात से
कितने ही लोगों को सुकून है
कि मरा हुआ व्यक्ति बोल नहीं सकता।

वे सब रहस्य जो वह जानता था
उसके ही साथ दफ़न हो गये हैं।

वे लोग जो यह सोचते थे
वह उनके कुछ राज जानता था
और उससे छिपा करते थे
धूमधाम से आज खुशियाँ मनाने के लिए
इकट्ठा हो गये हैं।

यह रहस्यों का महाभोज है
जो यहाँ हो रहा है।

(23 मई 2016)

मृत व्यक्ति के बारे में

लोग बोलते बहुत हैं।

कुछ गहरी नींद में
कुछ नींद का बहाना बनाकर
कुछ उपहास उड़ाते हुए
कुछ चिढ़ाते हुए
कुछ जल कर
कुछ कुढ़ कर
कुछ कुण्ठाग्रस्त
कुछ आँसू बहाकर
कुछ ज़रूरत से ज्यादा
कुछ नियन्त्रण में रहकर
कुछ प्रशंसा में
तो कुछ निन्दा में।

वह यह सब कुछ सुनता रहता है
वह मृत व्यक्ति
वह शव।

(23 मई 2016)

मृत व्यक्ति बातें करता है

तुम इसे अस्वाभाविक कहोगे
परन्तु
मृत व्यक्ति बातें करता है।

हवा उसकी बातें ध्यान से सुनती है
पेड़ कहते हैं 'हूँ'
बादल उससे इत्तफ़ाक़ रखते हैं
चन्द्रमा उसकी बातों पर हँसता है
कोयल जवाब देती हैं
और उसे कुछ और कहने के लिए
प्रेरित करती हैं
उल्लू उसकी बातों से आनन्दित होते हैं।

मृत व्यक्ति बातें करता है
मृत व्यक्ति बोलता ही जाता है ।

पर उन सबको यह भय नहीं है
कि कहीं वह उनके विरुद्ध
शिकायतें न करने लग जाये।

(25 मई 2016)

जादुई उँगली

चूँकि मृत व्यक्ति बोल सकता है
और उनके रहस्य उजागर कर सकता है
वे सब उसके इर्दगिर्द आ इकट्ठे हो जाते हैं
उस पर सवालों की झड़ी लगाते हैं।

'कौन हो तुम?'
'तुम में से एक'
'तुम्हारा परिवार?'
'तुम्हारे ही परिवारों में से एक'
'तुम्हारा स्थल?'
'वही जो तुम्हारा है'।

'मरने का कारण?'
चुप
वे बार–बार पूछते हैं
एकदम चुप।

वे देखने में असमर्थ हैं
उस जादुई उँगली को
जो उनकी ही ओर
इशारा कर रही है।

(25 मई 2016)

तुम एक बिन्दु की तरह ठीक उस जगह ही खड़े थे

यह पथ जिस पर मैं चल रहा हूँ
नया है या वही पुराना?
थोड़ा–सा नया है और थोड़ा पुराना
नये वाले पर चलना सरल है
पुराने पथ पर मैं लड़खड़ा रहा हूँ।

मेरे आगे कोई भी नहीं है
अतः यदि मुझे यह ले जाये किसी बगीचे में
या मरुस्थल में
मुझे नयी खोज करने का आनन्द मिलेगा।

कुछ लोग इस यात्रा में मेरे साथ चल रहे हैं
कुछ बस साथ आने का ढोंग रच रहे हैं
कुछ ऐसे भी हैं जो जूझ रहे हैं
निर्णय नहीं ले पा रहे हैं
उनका एक पाँव धरती पर जमा है
दूसरा झूल रहा है कहीं बीच अधर में।

कुछ हैं जो मेरा अनुसरण करते हैं
और कुछ पीछे आने का बहाना करते हैं
जैसे ही मैं मोड़ लेता हूँ कहीं पर
कुछ पाँव हैं जो झटपट

मेरे साथ आ जाने का प्रयास करते हैं
और कुछ पाँव ऐसे भी हैं जो निर्णय नहीं ले पाते हैं।

मैंने साथ आने के लिए
किसी को आमन्त्रित नहीं किया था
मैंने किसी को बाध्य नहीं किया था।

वह तुम थे जिन्होंने हाथ हिलाकर, चिल्लाकर
साथ आने के लिए विनती की थी
शुरू में तो तुम मेरे साथ क़दम मिलाकर चले
और फिर बोले कि तुम मेरे बाद पीछे चले आओगे।

पर जब थोड़ी देर बाद मैंने पीछे मुड़कर देखा
तुम एक बिन्दु की तरह ठीक उस जगह ही खड़े थे
जहाँ मैं तुम्हें छोड़कर आगे बढ़ आया था।

वहीं खड़े रहो
उस जगह पर रुके रहो
जहाँ तुम्हें चैन मिलता है।

इसके अलावा तुम स्वतन्त्र हो
उलाहना दे सकते हो
कि वह राह ही ग़लत थी
और मैं तुम्हें अपने साथ लेकर नहीं चला था।

(25 मई 2016)

अब मेरी स्थिति यह है

यद्यपि तुम्हारी आकांक्षाएँ बहुत कम हैं
परन्तु मैं
किसी एक को भी पूरा करने में असमर्थ हूँ
जब तुम हिचकिचाकर
कोई आकांक्षा प्रकट करते हो
मैं भय से जकड़ जाता हूँ
लगता है
जैसे वह पत्थर, जल, काँटे और आग से भरी हुई
किसी नदी को पार करने के लिए दी गयी चुनौती हो।

तुम्हारी ज़रूरतें बहुत कम हैं
मैं उनसे बेख़बर होने का स्वाँग भरता हूँ
और जब तुम परोक्ष रूप से मेरा ध्यान उधर खींचते हो
मैं उत्तेजित हो जाता हूँ
जैसे किसी पहेली की गुत्थियाँ सुलझाने
मैं सदैव के लिए फँसा लिया गया हूँ
और मैं श्वासहीन हो जाता हूँ।

अब स्थिति यह है
मेरा होना पूर्णरूप से निरर्थक है।

(2 जून 2016)

मैं इन कुत्तों को पसन्द नहीं करता

सुन्दरा रामासामी के लिए

मैं इन कुत्तों को पसन्द नहीं करता।

यह नुक्कड़ पर जाकर छिप जाते हैं
और अचानक ही भौंक कर
बेख़बर लोगों को दहशत से भर देते हैं।

नालों के गड्ढों में गुड़ीमुड़ी होकर बैठ जाते हैं
और पास से गुज़रने वाले लोगों का इन्तज़ार करते हैं
अपने दाँतों को निपोरकर उन पर गुर्राते हैं
और उन्हें दूर तक खदेड़ते हैं।

कुछ लोगों के ऊपर झपटने का नाटक करते हैं
कुछ लोगों को डराते हैं जैसेकि काट खायेंगे
और सब के सब एक ही कुतिया के साथ
जो अपने गुप्तांग पूँछ से दबाये
इधर–उधर भागती फिरती है
सम्भोग करने के लिए उत्सुक रहते हैं।

वे अहाते की दीवारों के बीच
भौंकते हुए दौड़ते रहते हैं

और जब वह जो चाहते हैं, नहीं पाते हैं
तो ज़ोर से चीख़ते हैं और आफत मचाते हैं
जहाँ तक उनकी डोरी उन्हें ले जा सकती है
वे अपने घेरे में दूर तक चक्कर लगाते रहते हैं।

जूठन और हड्डियों के लिए
वे हर समय राल टपकाते रहते हैं
अपनी दुम को मरोड़कर, बदन को सिकोड़कर
अपनी स्वामिभक्ति का प्रदर्शन करते हैं।

वे खाना खा–खाकर उल्टी करते फिरते हैं
और फिर अपनी उल्टी ही को खाते रहते हैं
वे खाज के चकक्तों से भरा बदन लिए
यहाँ–वहाँ दौड़ा करते हैं
और झक्कीपन में अपना वंश बढ़ाये जाते हैं।

मैं इन कुत्तों को बिल्कुल भी पसन्द नहीं करता
इन अधम जन्तुओं को
निर्जन जगहों में ही रहना था।

(2 जून 2016)

अरे! ओ शूकर

जल्दीबाज़ी न कर
अपना दुखड़ा न रो
मेरा पीछा न कर।

तू मेरी टाँगों के बीच में आकर
अगर मुझे नीचे गिरा देगा
तू जो कुछ पाने के लिए उतावला है
तो वह सब कैसे पायेगा
मेरे उकड़ूँ बैठने पर
तू मेरे पीछे दुबककर जो आ बैठता है
तो कैसे मिलेगा तुझे वह सब कुछ
जिसकी तुझको ज़रूरत है?

तुम्हें मेरी ज़रूरत है
ताकि मैं तुम्हें खिला सकूँ, है ना
इसलिए थोड़ा सबर करो
मुँह से टपकती राल को पोंछ डालो
आँखें बन्द कर
खुद पर संयम रखने का प्रयास करो।

अच्छा आओ, आ जाओ
तुम्हारे लिए जो कुछ छोड़कर रखा है
इसे ले लो, निगल लो।

चिन्ता न करो
जो कुछ तुम्हारे हिस्से का है
जो कुछ तुम्हारी ज़रूरत है
मैं तुम्हें देने से मना नहीं करूँगा
कल भी
तुम्हें बहुत कुछ मिलेगा
अब मुझे परेशान न करो
थोड़ा–सा धीरज धरो।

(3 जून 2016)

नग्न हाथ

प्रिय
मेरी यह दिली तमन्ना है
तुम्हारे लिए फूलों की बगिया लगाऊँ
सिल्क का कालीन
तुम्हारे पथ में बिछाऊँ।

परन्तु मेरे पास और कुछ नहीं
केवल यह हाथ हैं
यह नग्न हाथ
अतः मैं तुम्हारे आगे आ गया हूँ
पत्थर हटा रहा हूँ
काँटों को चुन रहा हूँ।

(6 जून 2016)

दो चरण

प्रिय
केवल दो और चरण तक
मैं तुम्हारा साथ दूँगा
पहले चरण तक
एक बलखाती हुई भँवर है
जहाँ घड़ियाल मुँह खोले पड़े हैं
उससे अगले चरण तक
एक गहरा गड्ढा है
जो सीधा नरक ले जाता है
पहले तुम चलना आकाश पर आँखें टिकाये हुए
उसके बाद तुम जैसा भी चाहो चल सकते हो।

(6 जून 2016)

एक खुली चौड़ी जगह

एक खुली चौड़ी जगह में, मैं जन्मा था
एक खुली चौड़ी जगह में, मैं घुटनों पर घिसटते हुए चला था
एक खुली चौड़ी जगह में, मैं पाँवों पर चला था
एक खुली चौड़ी जगह में, मैं दौड़ा किया था
एक खुली चौड़ी जगह में, मैं घूमा फिरा था
एक खुली चौड़ी जगह में, मैंने भोजन किया था
एक खुली चौड़ी जगह में, मैंने मल विसर्जन किया था
एक खुली चौड़ी जगह में, मैं उड़ा करता था
एक खुली चौड़ी जगह में, मैंने सहवास किया था

पता नहीं कब
वह खुली चौड़ी जगह सिमटकर
एक पिंजरे में बदल गयी?
कौन है जिसके हाथ
इस पिंजरे की कुण्डी पर क़ब्ज़ा किये हुए हैं?

(19 अप्रेल 2016)

एक ढीठ भैंस

मैं तंग आ गया हूँ इस ज़िन्दगी से
जो एक ढीठ भैंस की तरह
पैरों में सिर दबोचे
सिकुड़ी हुई पड़ी है।

सुबह की हलकी गर्मी में
गौरैया उस पर आ बैठती हैं
चोंचें मारती हैं
उनका खरोंचना
खुजली मचाने को
कितना सुखद लगता है।

फिर एक बड़ा–सा मच्छर आ बैठता है उस पर
पूरे शरीर पर इधर–उधर चलता है
अपनी सूई जैसी नोक से बार–बार भेदता है
मक्खियाँ आसपास से इकट्‌ठी होकर
कभी उसके कानों में घुसतीं हैं कभी नथुनों में
भैंस अपनी पूँछ को फैलाकर
चारों ओर धीरे–से घुमाती है
और फिर सुस्ती उस पर हावी हो जाती है।

कहीं से एक लोमड़ी आकर
रोड़ा उठाकर भैंस को मारती है
जब कोई हरकत नहीं होती
तो लोमड़ी दौड़कर सबको बताती है
कि भैंस मर गयी है
भीड़ को इकट्ठा करके ले आती है।

बहुत सारी लोमड़ियाँ
उसको घेरकर खड़ी हो जाती हैं
भैंस अधखुली आँखों से
लोमड़ियों को दाँत निपोरे हुए
पास आते देखती है
अपनी पूँछ को हिलाती है
और बदन को झकझोरकर
एक ही झटके में खड़ी हो जाती है।

(28 मई 2016)

पैरों में हड़कल

उस दिन जब
अटपटी धमकियों से भयभीत होकर
मुझे भागना पड़ा
मेरे प्यारे बेटे को
एक जर्जर पुरानी रेलगाड़ी में
उस शहर से इस शहर तक
पाँच घण्टे का लम्बा सफ़र
खड़े–खड़े तय करना पड़ा।

उसने पहले कभी भी
इस तरह की यात्रा नहीं झेली थी
उसके युवा चेहरे ने इससे पहले
थकान की परछाईं भी नहीं देखी थी।

मैंने अपनी दोनों टाँगों के बीच
थोड़ी जगह बनाकर
उसे बैठ जाने के लिए बोला।

वह शरमा रहा था
मुझे रोना आ रहा था।

यद्यपि उकड़ूँ बैठकर
सफ़र करने के लिए
मुझे थोड़ी–सी जगह मिल गयी थी
पर मेरे पैर
अभी भी दुःख रहे हैं।

(10 जून 2016)

शाप

मैं बस यह माँगता हूँ
कि तुम्हारी दोनों टाँगें टूट जायें
तुम्हारा दायाँ पैर टुकड़े–टुकड़े हो जाये
तुम्हारा आधा टूटा हुआ बायाँ पैर झूले–सा झूले
और तुम अपंग होने का अर्थ जान पाओ।

तुम्हारे दोनों हाथ शरीर से अलग हो गिर पड़ें
तुम्हारी उँगलियाँ सूजें और फट पड़ें
कीड़े रेंग कर उनके भीतर घुस जायें
और लेखन क्या होता है तुम समझ पाओ।

तुम दोनों आँखों से अन्धे हो जाओ
तुम मदद के लिए तरसो
तुम सब कुछ छू कर रोया करो
और दृष्टि रखने का अर्थ क्या है तुम जान पाओ

कोई तुम्हारी जिह्वा की धज्जियाँ कर दे
तुम व्यर्थ ही में चीखा चिल्लाया करो
तुम्हारी जिह्वा लोथ की तरह सुन्न हो पड़ी रहे
और तुम जान पाओ शब्द क्या होते हैं।
ना तो कहने से
और ना ही दिखाने से
कुछ भी नहीं आ सकता है तुम्हारी समझ में।

(11 जून 2016)

मेरी आवाज़

किसी रहस्यमयी उँगली के स्पर्श से
मेरा कण्ठ अवरुद्ध हो गया है
और मैं आवाज़ खो बैठा हूँ।

तुरन्त ही कहीं से
तुम मेरी ही आवाज़ में
मेरी ओर से बोलने लगते हो
तुमने अपनी आवाज़ को ऊँचा उठाकर
मेरी आवाज़ को पहुँचाया राजधानियों में
मेरी आवाज़ को पहुँचाया नगर, बस्तियों में
मेरी आवाज़ को पहुँचाया राज पथ पर
मेरी आवाज़ को पहुँचाया बड़े–बड़े कूचों, मुहल्लों में
मेरी आवाज़ को पहुँचाया विशाल कक्ष और सभाओं में
मेरी आवाज़ को पहुँचाया पत्र–पत्रिकाओं में
मेरी आवाज़ को पहुँचाया टेलीविज़न पर हो रहे वाद–विवाद में
और मेरी आवाज़ को पहुँचाया दूर, बहुत दूर तक।

परन्तु
मेरे इस छोटे से शहर में
मेरे इस छोटे से इलाक़े में
मेरी गली–चौराहे पर
मेरे घर के बाहर बरामदे में
मेरी आवाज़ नदारत थी।

(11 जून 2016)

तुम यह सब क्यों करते हो?

तुम यह सब क्यों करते हो?

तुम किसी भी व्यक्ति को
उसकी जाति को लेकर अपशब्द बोल देते हो
तुम किसी को भी दूसरे की जाति के लिए
दुर्वचन बोलने के लिए उकसाते रहते हो
तुम किसी की जाति देखकर ही उसके निकट आते हो
तुम किसी को उसकी जाति के कारण ही धक्का देते हो।

तुम यह सब क्यों करते हो?

तुम किसी को उसकी जाति के कारण उसे अशुभ बताते हो
तुम किसी को उसकी जाति के कारण पुण्यात्मा बना देते हो
तुम किसी की उसकी जाति के कारण रक्षा करते हो
तुम किसी की उसकी जाति के कारण हत्या कर देते हो।

तुम यह सब क्यों करते हो?

तुम जाति के नाम पर लोगों को एकत्रित करते हो
तुम जाति के नाम पर लोगों को तितर–बितर करते हो
तुम लोगों की जाति जानकर उन्हें पसन्द करते हो
तुम लोगों की जाति जानकर उनसे घृणा करते हो।
तुम यह सब क्यों करते हो?

तुम जाति के नाम पर पुस्तकें लिखते हो
तुम जाति के नाम पर पुस्तकें जलाते हो
तुम जाति के नाम पर कहानी क़िस्से गढ़ते हो
तुम जाति के नाम पर कथाओं को चुनौती देते हो।

तुम यह सब क्यों करते हो?

तुम जाति के नाम पर धन कमाते हो
तुम जाति के नाम पर धन गँवाते हो
तुम जाति के नाम पर सत्ता में आते हो
तुम जाति के नाम पर शासन छीनते हो।

तुम यह सब क्यों करते हो?

तुम जाति को लेकर अपनी पहचान बनाते हो
तुम जाति की वजह से औरों की पहचान धूल में मिलाते हो
तुम जाति के नाम पर अपना प्रभुत्व जमाते हो
तुम ज़ाति के नाम पर अधिकारी के आगे झुक जाते हो।

तुम यह सब क्यों करते हो?

तुम कब समझ पाओगे
कि तुम्हारे दिमाग़ बेड़ियों में जकड़े हैं?

(11 जून 2016)

इतना ही पर्याप्त है

आजकल बहुधा ही
यह ख़याल आता है
मेरे पास जो कुछ भी है
वह मेरे लिए पर्याप्त है।

साहित्य की महान रचनाएँ
व्याकरणें
सिद्धान्त
शोध प्रकरण
यह सब जो मेरे पुस्तकालय में क्रम बद्ध लगे हैं
क्या वे पर्याप्त नहीं हैं?

सम्पूर्ण जीवन भी काफ़ी नहीं है
सभी कुछ पढ़ने और सीखने को।

और तीन चौथाई समय तो
गुज़र जाता है चींटियों के साथ
जो उनको खींच ले जाती हैं
छोटे–छोटे टुकड़ों में।

यथेष्ट है
जो कुछ भी मेरे पास है, वह यथेष्ट है।

पर फिर भी
जब कोई शब्द
वर्तमान से आकर
मुझको काट खाता है
मैं उसके आघात से उछल खड़ा होता हूँ।

(11 जून 2016)

कोई भी नहीं

वह दिन ही ऐसा था
अकेलेपन ने
कसकर मुझे आलिंगन में लिया था।

शिथिलता
आँखें खोले पड़ी थी।

भोजन
केवल दो फल
दिन का पूरा समय
चैन का आनन्द लेते हुए गुज़रा
कोई भी तो नहीं था
कोई भी नहीं आया
कोई भी तो नहीं बोला।

तनहा रहने में आनन्द ही आनन्द है।

(14 जून 2016)

वह जो पर्याप्त था

जैसे कोई विशाल हाथ
काम करते–करते
आराम करने के लिए रुके
उसी तरह गाड़ी भी रुक गयी।

वे औंधे मुँह गिरे
और घुटने टेक दिये
वे उठे और चल पड़े
वे नत हुए, सन्त्रस्त हुए
वे सहम गये, सिकुड़ गये।

यही तो था वह सब कुछ
जो वह चाहते थे
और जो हमेशा के लिए
पर्याप्त भी था।

(14 जून 2016)

मैं और तुम

तुम एक घिनौने गढ़े में रहते हो
जादुई ज़ंज़ीरों में
गुड़ीमुड़ी जकड़े हुए
उनकी खींचतान से बेख़बर
तुम वहाँ पड़े रहते हो
जब भूख लगती है
राल टपकाने लगते हो
पपड़ीदार आँखें लिए
झूठा और सड़ा हुआ खाना
उस प्लेट में से चाट लेते हो
जो तुम्हारी पहुँच के भीतर है
और तुम फिर से गुड़ीमुड़ी होकर लेट जाते हो।

कभी–कभी तुम्हें
कुछ हड्डियाँ भी मिल जाती हैं
उन दिनों तुम अपनी कृतज्ञता प्रकट करने
पूरे शरीर को डिगडिगाते हो
और यदा–कदा
किसी आगन्तुक के आने की ख़बर देने
आभार भरी रिरियाहट में भौंक भी देते हो।
मुझे तुमसे
कुछ भी नहीं कहना है।

(16 जून 2016)

बुलावा

गड़रिये के लिए जब कठिन हो जाता है
भेड़ को रस्सी से खींचना
वह उसके आगे आ जाता है
और उसी बोली में उसे बुलावा देता है
जो वह खाना खिलाने के समय इस्तेमाल करता है
यह सोच कर कि अब वह उसको चारा डालेगा
भेड़ उस आवाज़ को पकड़कर कूदती हुई
उस मरीचिका की ओर दौड़ पड़ती है।

(17 जून 2016)

वह तो बस प्यासी हैं

गड़रिये भेड़ों को घेर कर खड़े हैं
कि कहीं वे इधर–उधर भाग न जायें
परन्तु
उनको चिन्ता करने की ज़रूरत नहीं है
वह तो बस प्यासी हैं।

(18 जून 2016)

गड़रिया

रस्सी की बेड़ियाँ
अपने सर और पाँवों के बीच लिए
भेड़ें भार से झुकी–झुकी
बाँध पर चढ़कर चर रही हैं
गड़रिया छाँव में बैठा है
और बाँध से परे फैला है एक हरा–भरा खेत।

गड़रिया ऊँची आवाज़ में
उस भेड़ पर चिल्लाता है
जो दूसरी ओर जाने की सोच रही है
गड़रिया एक रोड़ा उठाकर
उस भेड़ को मारता है
जो दूसरी ओर जाने की कोशिश कर रही है
गड़रिया की छड़ी उस भेड़ की ओर
चाबुक–सी लहराती है
जो दूसरी ओर जा चुकी है।

भेड़ जो लगातार उसके आदेश की अनसुनी करती है
गड़रिया उसे खूँटे से बाँध देता है
उस भेड़ को जो रस्सी को
खींच कर तोड़ देती है
गड़रिया बेड़े में बन्द कर देता है

उस भेड़ पर जो बाड़े के इधर–उधर मिमियाती है
गड़रिया निगरानी रखने का काम
एक कुत्ते को सौंप देता है
भेड़ जो मेंड़ के ऊपर चढ़ जाती है
गड़रिया उसे कसाई के यहाँ भेज देता है।

न तो भेड़ें बदल सकती हैं
और न ही गड़रिये।

(17 जून 2016)

छोटा-सा मेमना

गड़रिया छोटे मेमने को
औंधी डलिया के नीचे दबाकर
उसकी माँ को चराने के लिए ले जाता है
और वह छोटा मेमना
अपनी भूख के सिवा
कुछ भी तो नहीं देख पाता है।

(18 जून 2016)

होड़

घोषणा
विज्ञापन, अर्ज़ी
लाखों करोड़ों अर्ज़ियाँ
इम्तहान
इंटरव्यू
सही व्यक्ति की तलाश
रिश्वत, सौदेबाज़ी

एक गड़रिये की नौकरी के लिए
अन्धाधुन्ध होड़ है।

(18 जून 2016)

दया-भाव अभी जीवित है

खाने के लिए ताज़ा खाना
झाड़ी के तल में छोटा–सा बिल
दिन–रात की व्यस्त घुमक्कड़ी
और जाने–पहचाने हुए रास्ते।

चूहा यह सब खो बैठा
एक चूहेदानी में फँसकर।

पर दया–भाव अभी भी जीवित है।

वे हाथ जो उसको
अंकुश से मारने की हिम्मत न जुटा सके
पानी में डुबोने का साहस न कर सके
उन्होंने चूहेदानी को दूर ले जाकर
एक बंजर जगह में खोल दिया।

चूहे को अपनी आज़ादी का
अहसास होने और भागने में
थोड़ा वक़्त लगा
सामने था
लम्बा–चौड़ा मैदान
उजाड़ खलिहान

कड़ी धरती
तमतमाता हुआ सूरज।

चूहा अब दौड़ रहा है
व्याकुल हो ढूँढ़ रहा है
उन स्थलों को
जहाँ–जहाँ ज़मीन पर
कौए के परों की परछाईं पड़ रही है।

(19 जून 2016)

क़भी नहीं

ख़ुशियों के पल गुज़रें उससे पहले ही
दुःख भरे क्षण दबे पाँव चले आते हैं

मुझे कभी भी कुछ भी
महसूस करने का अवसर ही नहीं मिलता।

(19 जून 2016)

रणभूमि

मेरे पास
ना तो तलवार है चलाने को
ना ही भाला है
और ना ही बाण हैं लक्ष्य साधने को

ना तो हाथी हैं खुला छोड़ देने को
ना ही घोड़े हैं
और ना ही सैनिक हैं आदेश देने को

ना तो कोई राज्य है
और ना कोई शत्रु

फिर भी
हर दिन
युद्धभूमि जाने के लिए
मैं घर से निकलता हूँ
हथियारों से लैस
युद्ध का नक़्शा साथ लेकर
और एक विशाल सेना।

(20 जून 2016)

पहले यह फिर वह

पहले तो
तुम मुझ पर फूलों की झड़ी लगाकर
दया दिखाने का प्रयास करते हो
फिर मेरे ऊपर
मल की टोकरी उड़ेलकर
मेरा दम घोंटने की कोशिश करते हो।

परन्तु मैं तो
एक विस्तीर्ण अछूते प्रसार में
निवास करता हूँ।

(22 जून 2016)

एक पुष्प

ज़ोरदार धमाके के साथ
एक पुष्प खिलता है।

प्रखर महक
अम्लान रूप–रंग
एक वैद्युत कान्ति।

एक पुष्प जो
सभी कुछ प्रकट करेगा
स्थापित करेगा।

(23 जून 2016)

वह कुत्ता जिसे मैं कभी जानता था

वह कुत्ता जिसे मैं जानता था वह अब पागल हो गया है।

वह कुत्ता जो अपनी दुम हिला–हिलाकर कृतज्ञता दिखाता था
वह कुत्ता जो हमेशा अपने शरीर को मेरी टाँगों से रगड़कर
अपना प्यार दर्शाता था
वह कुत्ता जो अपनी लाल जीभ से मेरा हाथ चाटकर
अपनी वफ़ादारी दिखाता था।

वह कुत्ता जिसे मैं जानता था वह अब पागल हो गया है।

वह कुत्ता जो मेरे घर की रखवाली करता था
वह कुत्ता जो मुझे छोड़ने बाहर गली तक आता था
वह कुत्ता जो मेरे घर लौटने की राह देखा करता था
और दौड़कर मेरे ऊपर चढ़ जाता था।

वह कुत्ता जिसे मैं जानता था वह अब पागल हो गया है।

वह कुत्ता जो खाना खाने के समय
जूठन मिलने की प्रतीक्षा किया करता था
वह कुत्ता जो जूठन पाने के लिए
अपनी जान की बाजी भी लगा सकता था
वह कुत्ता जो अपनी उल्टियाँ खुद ही साफ़ करता था।
वह कुत्ता जिसे मैं जानता था वह अब पागल हो गया है।

वह कुत्ता जो यह जानता था कि कब दूर रहना चाहिए
वह कुत्ता जो जानता था कि कौन उसका दुश्मन था
दाँत बाहर निकालकर वह जिनका पीछा करता था
वह कुत्ता जो मेरी मर्ज़ी का अन्दाज़ लगा सकता था
दौड़कर दाँतों में भींचकर मेरा शिकार उठा लाया करता था।

वह कुत्ता जिसे मैं जानता था वह अब पागल हो गया है।

अब मैं उसकी निगाहों से दूर भागता हूँ
उसे मार डालने के लिए मौक़े की तलाश में
हाथ में हथियार लिए छिपकर खड़ा रहता हूँ।

(26 जून 2016)

क्या खोया है मैंने?

मैं न जाने कितनी बार
सारा दिन
छत के कोने पर टकटकी लगाकर देखता रहा
चारों ओर से घिरे ख़ालीपन के नीचे
दबा हुआ पड़ा रहा।

पर क्यों?
क्या खोया है मैंने?

क्या मैं शहंशाह का ताज
पहनने का आदी था?
क्या मैं सैकड़ों ग़ुलामों के रार के ऊपर
अपने पाँव रख कभी खड़ा हुआ था?

क्या मैं पसन्द करता हूँ ताज पहनना?
क्या मैं ग़ुलामों पर शासन करके ख़ुश हूँ?

तब फिर
क्या खोया है मैंने?

जैसे मधुमक्खी शहद में आ गिरे
क्या मैं कभी मोहक शब्दों के जाल में

फँस कर पड़ा रहा हूँ?
क्या मैं कोमल याचनापूर्ण आवाज़ों के
फन्दे में आया हूँ, उनमें डूबा हूँ?

क्या वह यश गान है जिसकी मुझे ज़रूरत है?
क्या वह इबादत है जिसकी मुझे ज़रूरत है?

तब फिर
क्या है वह जिसे मैंने खोया है?

क्या मैं वह ही नहीं हूँ
जो सब कुछ खो चुका है
परन्तु जिसने स्वयं को नहीं खोया है?

(4 जुलाई 2016)

क़यामत का दिन

बड़ी व्याकुलता के साथ
मैं उस शब्द की प्रतीक्षा में हूँ
जो ईश्वर के होंठों से
शीघ्र ही बाहर आयेगा

ईश्वर की भाषा में
केवल शुभ शब्द ही हैं, हैं ना?

(6 जुलाई 2016)

□□

लेखक परिचय

पेरुमाल मुरुगन तमिल के प्रतिष्ठित कवि, उपन्यासकार एवं लेखक हैं। उनके ग्यारह उपन्यास, पाँच कहानी संग्रह एवं पाँच कविता संग्रह प्रकाशित हो चुके हैं। इसके अतिरिक्त उनको कथेतर साहित्य की दस पुस्तकों के लेखन का भी श्रेय प्राप्त है। उनके अनेक उपन्यासों, कहानियों एवं कविताओं का अंग्रेज़ी तथा अनेक भाषाओं में अनुवाद हुआ है। उनके उपन्यासों के अंग्रेज़ी अनुवाद *वन पार्ट वुमेन, पायर* (इंटरनेशनल बुकर प्राइज, 2023 में नामांकित), *करंट शो, सीजंस ऑफ़ द पाम* तथा *द स्टोरी ऑफ़ ए ब्लैक गोट* उल्लेखनीय हैं। *सीजंस ऑफ़ द पाम* किरियामा पुरस्कार की शॉर्ट लिस्ट में था तथा सुप्रसिद्ध उपन्यास *वन पार्ट वुमेन* ख्यातिप्राप्त पुरस्कार आई.एल. एफ़. समन्वय भाषा सम्मान से पुरस्कृत हुआ है। उनका उपन्यास *पूनाची* जे.सी.बी. पुरस्कार के अलावा कई अनेक पुरस्कारों की सूची में है। पेरुमाल मुरुगन गवर्नमेंट आर्ट्स कॉलेज, तमिलनाडु में तमिल लिटरेचर के प्रोफ़ेसर तथा अध्यक्ष हैं।

अनुवादक परिचय

मोहन वर्मा हिन्दी के कवि एवं अनुवादक हैं। *बूँद से नदी तक : एक कविता यात्रा* कविता संग्रह, पेरुमाल मुरुगन के तीन उपन्यास *मादोरुबागन, अर्द्धनारी* एवं *आलवायन* के हिन्दी अनुवाद *नर–नारीश्वर, पोन्ना का अभिशाप, पोन्ना की अग्निपरीक्षा* प्रकाशित हो चुके हैं। इसके अतिरिक्त *सामाजिक न्याय एवं चेतना की भारतीय कविताएँ* संकलन प्रकाशनाधीन है। उन्होंने कन्नड़ की कवि ममता सागर की कविताओं का भी हिन्दी में अनुवाद किया है जो *आँखमिचौनी* शीर्षक से प्रकाशित हुआ है। पिछली शती के साठवें दशक में हिन्दी काव्य के सहज कविता आन्दोलन का सूत्रपात करने में वह रवीन्द्र भ्रमर तथा त्रिवेणी प्रकाश त्रिपाठी के सहयोगी रहे हैं और ई–पत्रिका 'जागरी' के कविता सम्पादक भी।